भक्तिकाव्य और लोकजीवन

भक्तिकाव्य और लोकजीवन

शिवकुमार मिश्र

वाणी प्रकाशन

प्रकाशन के उत्कृष्टतम 60 वर्ष

सजिल्द पहला संस्करण : 1983
सजिल्द दूसरा संस्करण : 2013
सजिल्द तीसरा संस्करण : 2024

vaniprakashan.com

वाणी प्रकाशन
4695, 21-ए, दरियागंज, नयी दिल्ली-110 002
फ़ोन : +91 11 23273167, 23275710
शाखाएँ
अशोक राजपथ, पटना-800 004, बिहार
कॉफ़ी हाउस कैम्पस, महात्मा गांधी मार्ग, प्रयागराज-211 001, उत्तर प्रदेश
महात्मा गांधी अन्तरराष्ट्रीय हिन्दी विश्वविद्यालय, वर्धा-442 001, महाराष्ट्र
36/ए, शेक्सपियर सरणी, रानी बिरला गर्ल्स कॉलेज के पास, कोलकाता-700 017, प. बंगाल
sales@vaniprakashan.in
vaniprakashan@gmail.com

BHAKTIKAVYA AUR LOKJEEVAN
by Shivkumar Mishra

ISBN : 987-93-5072-532-0
Criticism

मूल्य : ₹ 350

जी.एस. ऑफ़सेट द्वारा दिल्ली-110 095 में मुद्रित

वाणी प्रकाशन का लोगो मक़बूल फ़िदा हुसेन की कूची से

कबिरा खड़ा बजार में लिए लुकाठी हाथ
जो घर जारे आपना चले हमारे साथ ॥

अनुक्रम

किताब के बारे में

इस किताब का सम्बन्ध भक्ति-आन्दोलन और भक्ति काव्य से है, और ये दोनों ही मेरे अध्ययन के मुख्य विषय कभी नहीं रहे। इनके बारे में विशेषज्ञता का दावा तो दूर, शायद इनसे सम्बन्ध रखने वाली कुछ बहुत मोटी बातों से भी मेरा अपरिचय या अर्ध परिचय हो। ऐसी स्थिति में इस किताब को सामने लाने में मेरा मकसद क्या हो सकता है, यह जिज्ञासा स्वाभाविक है। बात यह है कि विशेषज्ञता, या मेरे अध्ययन के मुख्य केन्द्र में न होते हुए भी, भक्ति-आन्दोलन तथा भक्तिकाव्य में अनेक कारणोंवश मैं सदा से ही बड़ी आत्मीयता का अनुभव करता आया हूँ। यह आत्मीयता, घर तथा परिवार के वातावरण के बिलकुल भी धार्मिक न होने के बावजूद, लम्बे काल से न केवल बनी रही है, विकसित भी होती रही है। भक्ति तथा धर्म के कोई भी संस्कार मुझे माता-पिता या परिवार से नहीं मिले, परन्तु जब-जब भक्तिकाव्य को पढ़ा, वह मन में कहीं भीतर उतरता गया है, माता-पिता बराबर आँखों के सामने आ गये हैं।

मार्क्सवाद ने मुझे भक्ति के इस कथ्य को देखने की नयी दृष्टि दी, और सच पूछा जाये, तो भक्तिकाव्य के प्रति मेरी अपनी आत्मीयता जिन आयामों पर है, उसे बरकरार रखने में, और उसे विकसित करने में मार्क्सवादी दृष्टि का ही प्रधान योग है। सम्भव है, और सम्भव क्या, यह सही है कि भक्तिकाव्य को भजन-पूजन के स्तर पर ग्रहण करने वाले उसके प्रशंसकों की ही तादाद अधिक है, परन्तु इस स्तर पर, भक्ति काव्य को मैं कभी ग्रहण नहीं कर पाया। भक्तिकाव्य को मैंने ग्रहण किया उस स्तर पर, जिसकी या तो घोर भौतिकता में डूबे उसके भजन-पूजनवादी प्रशंसक चर्चा नहीं करते, या औपचारिकतावश चर्चा करते भी हैं, तो वह उन्हें अपने ऊपर ही व्यंग्य मालूम होती है।

मार्क्सवादी दृष्टि ने मुझे भक्तिकाव्य को उसके सही परिप्रेक्ष्य में देखने की दृष्टि दी, और फलस्वरूप उसके जो शक्तिशाली आयाम मेरे सामने उभरे, वे आज भी ज्यों का त्यों बरकरार हैं, वरन् उनकी मिसाल भी नहीं है। मसलन, लोकजीवन की पहचान, लोकमानस, लोकहृदय, या जिसे लोकचित्त कहते हैं, उसकी परख

और उसे पूरी जीवन्तता में उद्घाटित कर पाना एक बहुत बड़ी उपलब्धि है, जो भक्ति के इन कवियों को हासिल हुई और जिसे आज भी हम अप्रतिभ मान सकते हैं। हम लोकसंस्कृति की बात करते हैं, भक्त कवि उसे हमारे सामने मूर्त्त करते हैं। हम लोकजीवन के यथार्थ, लोक के कष्ट, पीड़ा या दुख-दर्द, हर्ष-उल्लास की अभिव्यक्ति में सच्चे मानवीय साहित्य की पहचान मानते हैं, और भक्तिकाव्य हमें उसकी बानगी देता है।

मुक्तिबोध ने लिखा है कि समूचे भक्ति-आन्दोलन के मूल में जनता के दुख-दर्द ही हैं और उन दुख-दर्दों को बड़ी जीवन्त मानवीयता के साथ उभारने, उनसे एक मेक होकर सामने आने में ही भक्ति-आन्दोलन की शक्ति को देखा जा सकता है। अनुमान कर सकते हैं कि तीन शताब्दियों से भी अधिक समय तक अपने पूरे वेग के साथ गतिशील होने-वाले इस भक्ति-आन्दोलन में जनता के ये दुख-दर्द कितनी गहरी संवेदनशीलता के सान्निध्य में उभरे होंगे? हम इस आयाम पर भक्ति के आन्दोलन तथा उसकी प्रेरणा में रचित काव्य से सीख ले सकते हैं।

आज हम आस्था की बात करते हैं, अस्मिता की बात करते हैं, स्वाभिमान की बात करते हैं, अकुण्ठित मानवचेतना की बात करते हैं, और अपने परिवेश में उसे न पाकर निराश और विक्षुब्ध होते हैं। बड़ी-बड़ी बातें करते हुए छोटी से छोटी बातों पर, छोटे-छोटे प्रलोभनों पर हम बिक जाते हैं। व्यवस्था हमें सरलता से खरीद लेती है, हम व्यवस्था के ढोल बन जाते हैं। फिर मुक्तिबोध को उद्धृत करूँ, तो लाभ-लोभ से प्रेरित समझदारी हमें रावण के घरों में पानी भरने को विवश कर देती है। अनुकूल परिवेश कबीर का भी नहीं था, और सूर-तुलसी का भी नहीं था, इस अर्थ में, कि व्यवस्था उनके समय में बहुत मीठी बनकर लोगों पर अपने नागपाश फेंक रही थी।

किन्तु क्या बात है कि कबीर अपना घर फूँक कर सरे बाजार खड़ा हो जाता है और दूसरों को भी आमन्त्रित करता है; क्या बात है कि सूर और तुलसी उस व्यवस्था के नागपाश को झटक कर अलग कर देते हैं, किसी देहधारी की प्रशस्ति को लानत मानते हैं, बड़े से बड़े के समक्ष भी नत नहीं होते, और नत होते हैं तो एक अपने राम के समक्ष, अपने आराध्य के समक्ष ही, बाकी सबको उनकी औकात बता देते हैं। यह आस्था, यह आत्मसम्मान, ऐसी अस्मिता, आज कहाँ दिखाई पड़ती है? सच पूछा जाये, तो लोकजीवन की गहराइयों में उतरा कवि, जन से एकात्म हुआ व्यक्ति ही ऐसी आस्था पा सकता है, और जन के साथ इस एकात्म के बूते ही ये अपने आराध्य से इतना एकात्म हो सके हैं, इतना निडर हो सके हैं कि बड़ी से बड़ी भौतिक सत्ता इन्हें क्षुद्र दिखाई दी है।

ये रचनाकार इसी नाते अकुण्ठित भी रह सके हैं। जब सीस काटकर जमीन पर रख दिया, अहं को विसर्जित कर जन के साथ एकाकार हो गये, तब फिर

कुण्ठा कहाँ, और घुटन कहाँ? 'चाह गयी चिन्ता मिटी, मनुवां बेपरवाह।' कहाँ है इस प्रकार का माहौल? जब घर जोड़ने की माया सब जगह हावी हो रही हो तो घर को फूँकने की बात कौन करेगा? ये रचनाकार कर सके, इस नाते ये आज भी हमारे लिए वरेण्य हैं। फिर ये वैरागी भी नहीं थे। कबीर जीवन भर गृहस्थ रहे, सूर ने जिस शृंगार का गायन किया, तुलसी ने ठेठ जीवन के भीतर से जिस भक्ति का रास्ता निकाला, उसे देखते हुए उन्हें वैरागी कहना कदापि संगत नहीं होगा। ये जीवन की अबाध स्वीकृति के, जिन्दगी की ठेठ सच्चाई को प्रतिपादित करने वाले कवि हैं। इन जैसा जीवन-प्रेम, इन जैसा खुला आचरण भी हमारे लिए प्रेरणा अजस्र का स्रोत है।

कहने का मतलब यह, कि अपनी इन तमाम बातों के नाते भक्तिकाव्य में मेरी रुचि बराबर बनी रही है, बढ़ती रही है। भक्तिकविता की लोकधर्मिता हमारे लिए स्पृहा की वस्तु है, सीखने की वस्तु है।

भक्तिकाव्य में, उसके रचनाकारों में, अन्तर्विरोध भी हैं, उनकी सीमाएँ भी हैं। हम उनकी ओर से भी सजग रहना चाहते हैं। किताब में उनकी चर्चा भी की गयी है। हम भक्तिकाव्य जैसा काव्य आज नहीं चाहते, पर जिन मूलवर्ती गुणों के कारण भक्तिकविता कालजयी हुई, वे गुण जरूर उससे लेना चाहते हैं, और इन गुणों के नाते ही हम उसे साथ लेकर चलना भी चाहते हैं। आज जरूरत है भक्ति के इन रचनाकारों को उस दुष्चक्र के दायरे से खींच लाने की जो भजन-पूजनवादी लोगों ने उनके चारों ओर फैला रखा है। हमें उनके दुरुपयोग के खिलाफ एकजुट होकर काम करना है। डॉ. रामविलास शर्मा ने बड़े स्तर पर यह कार्य किया है, हमें उनके कार्य को आगे बढ़ाए रखना है।

तमाम सारी एकेडेमिक चर्चा से बचकर, इन निबन्धों में मैंने भक्ति-आन्दोलन तथा उसके साथ सामने आने वाले रचनाकारों की लोकधर्मी चेतना को, उनके आत्मसम्मान से दीप्त व्यक्तित्व को, उनकी अकुण्ठित मनुष्यता को उभारने की कोशिश की है। लोकजीवन तथा लोक-संस्कृति से इन रचनाकारों का जो लगाव है, उसे रेखांकित करने की चेष्टा की है। लोकभाषाओं में लिखे गये सारे काव्य में हमारे साधारण जन की जिन्दगी जिस रूप में प्रतिबिम्बित हुई है, उसके स्वप्न, उसके सुख-दुख, उसकी आशाएँ-आकांक्षाएँ जिस रूप में उभर सकी हैं, मैंने भले ही संक्षेप में, उसे पहचानना और परखना चाहा है। इससे अधिक इस किताब में और कुछ न पढ़ा जाये, यह मेरी गुजारिश है। तमाम सारे विषय इसमें छूट गये हैं, परम्परित प्रकार की बहुत सी चर्चाएँ नहीं हो पायी हैं, इसे मेरी दृष्टि की सीमा माना जाये, मेरी उनके प्रति अरुचि माना जाये। इन कवियों के काव्य-सौन्दर्य पर जरूर अलग से लिखने की इच्छा है। वह कभी पूरी करूँगा। इनके काव्य की शास्त्रीय चर्चा में भी न मेरी रुचि है और न दखल। उसे तो शास्त्रनिपुण व्यक्त कर ही रहे हैं।

यह किताब भी, किताब के रूप में नहीं लिखी गयी, इस कारण निबन्धों में पुनरुक्ति भी मिल सकती है। अलग-अलग समय में लिखे गये निबन्ध ही मिल जुलकर यह किताब बना रहे हैं। इनमें से कबीर, सूर तथा भक्ति-आन्दोलन का दूसरा निबन्ध, प्रकाशित भी हो चुके हैं। यहाँ वे कुछ संशोधित परिवर्धित रूप में फिर से प्रकाशित हो रहे हैं। मलिक मुहम्मद जायसी, तुलसी, भक्ति-आन्दोलन का पहला निबन्ध अप्रकाशित हैं। वे यहाँ पहली बार ही प्रकाशित हो रहे हैं। नानकदेव तथा गुरु गोविन्द सिंह पर लिखे निबन्ध भी अप्रकाशित हैं। विशेष अवसर के लिए लिखे गये निबन्ध थे, किन्तु किताब के विषय की सीमा में आ सकने के नाते उन्हें भी समेट लिया गया है। भक्ति-आन्दोलन सम्बन्धी निबन्धों में प्रमुखतः के. दामोदरन, आचार्य हजारीप्रसाद द्विवेदी, आचार्य रामचन्द्र शुक्ल तथा गजानन माधव मुक्तिबोध के विचारों को ही रेखांकित किया गया है। मेरी अपनी टिप्पणियाँ जरूर हैं।

किताब के निबन्धों में बहुत गहरी बातों की चर्चा की अपेक्षा रखने वालों को निराश न होना पड़े, इस नाते यह भूमिका जरूरी थी। आलोचना, दस्तावेज, नयी कहानियाँ, पत्रिकाओं का आभार मानता हूँ जिनमें कबीर, सूर तथा भक्ति-आन्दोलन का दूसरा निबन्ध प्रकाशित हुए हैं। अन्त में, भक्ति-आन्दोलन के तेजस्वी आचार्यों तथा रचनाकारों को प्रणाम करता हुआ मैं पुस्तक पाठकों के समक्ष रख रहा हूँ। पाठक तथा विद्वान उसकी कमियों से, विशेषतः तथ्यात्मक भूलों से, अवगत कराएँ, तो विशेष प्रसन्नता मिलेगी। फिलहाल इतना ही है।

वल्लभ विद्यानगर (गुजरात) **शिवकुमार मिश्र**
17 दिसम्बर, 1982

अध्याय एक

भक्ति-आन्दोलन – 1

एक समय राष्ट्र के रूप में भारतवर्ष की खरी तथा सही पहचान कराने वाली अब तक दो ही ऐसी घटनाएँ घटित हुई हैं जिन्हें प्रायः सभी ने महान तथा युगान्तरकारी घटनाओं के रूप में रेखांकित किया है। इनमें से एक घटना का सम्बन्ध मध्यकाल से है तथा दूसरी का आधुनिक काल से। प्रस्तुत निबन्ध में हम मध्यकाल की युगान्तरकारी घटना की कुछ चर्चा करेंगे तथा उसके दूसरे अंश में उसके सम्बन्ध में आचार्य हजारी प्रसाद द्विवेदी की अपनी मौलिक चिन्ता तथा चर्चा को इस कारण विस्तार से प्रस्तुत करेंगे कि आचार्य द्विवेदी कदाचित् पहले विद्वान हैं जिन्होंने भक्ति-आन्दोलन को उसके मूलवर्ती स्रोतों तक जाकर पहचाना है तथा तमाम सारी भ्रान्तियों का निराकरण करते हुए हमें उसकी सही पहचान दी है।

स्पष्ट है कि मध्यकाल की यह युगान्तरकारी महान घटना भक्ति के आन्दोलन का उद्‌भव तथा प्रसार है। इस आन्दोलन में पहली बार राष्ट्र के एक विशेष भूभाग के निवासी तथा कोटि-कोटि साधारण जन ही शिरकत नहीं करते, समग्र राष्ट्र की शिराओं में इस आन्दोलन की ऊर्जा स्पन्दित होती है, एक ऐसा जबर्दस्त ज्वार उफनाता है कि उत्तर-दक्षिण, पूर्व-पश्चिम सब मिलकर एक हो जाते हैं, सब एक-दूसरे को प्रेरणा दते हैं, एक-दूसरे से प्रेरणा लेते हैं, और मिल जुलकर भक्ति के ऐसे विराट नद की सृष्टि करते हैं, जिसे प्रवहमान बनाते हैं जिसमें अवगाहन कर राष्ट्र के कोटि-कोटि साधारण जन सदियों से तप्त अपनी छाती शीतल करते हैं, अपनी आध्यात्मिक तृषा बुझाते हैं, एक नया आत्मविश्वास, जिन्दा रहने की, आत्म-सम्मान के साथ जिन्दा रहने की, एक शक्ति पाते हैं। आधुनिक युग में इसी प्रकार की युगान्तरकारी घटना के रूप में हमारा स्वाधीनता आन्दोलन गतिशील होता है जिसके तहत सदियों की साम्राज्यवादी गुलामी से मुक्ति के लिए राष्ट्र के कोटि-कोटि जन, अपने वर्ग, वर्ण, प्रादेशिक अस्मिता, धर्म, जाति, सम्प्रदाय से सम्बद्ध संकीर्णता को जलाकर, भस्म कर, अपना सामूहिक बलिदान देते हैं, एक विराट स्वाधीनता के यज्ञ में सहभागी बनते हैं। कहना न होगा कि ये ही दोनों

युगान्तरकारी घटनाएँ एक उदात्त राष्ट्रीय जागरण की सूचक हैं तथा एक राष्ट्र के रूप में हमारी सबसे मूल्यवान धरोहर हैं।

जहाँ तक मध्यकालीन भक्ति-आन्दोलन का सवाल है, वह मूलतः एक धार्मिक-सांस्कृतिक आन्दोलन के रूप में सामने आता है, सच पूछा जाये तो, अधिकांशतः एक धार्मिक आन्दोलन के रूप में ही उसकी पहचान हमें होती है। अनेक लोगों ने उसके इस मूलवर्ती धार्मिक चरित्र के नाते उसकी प्रगतिशील सामाजिक अन्तर्वस्तु की ओर सम्यक् ध्यान नहीं दिया है, धर्म को साधारण जन को बरगलाने तथा भरमाने वाली प्रवृत्ति मानते हुए उसे एक मध्यकालीन दकियानूसी प्रवृत्ति को उभारने वाला तथा इस प्रकार साधारण जन को उसकी आवश्यक सामाजिक चेतना से पराङ्मुख करने वाला आन्दोलन या अभियान मानकर उसकी व्याख्या की है। इस प्रकार के विद्वान न केवल युग विशेष के वास्तविक चरित्र को सही रूप से पहचानने से इनकार करते हैं, वे किसी युग के अन्तर्विरोधों तथा उनके पीछे काम कर रही सामाजिक-आर्थिक शक्तियों को भी न पहचानने के दोषी हो जाते हैं। मध्ययुग, जैसा कि सामाजिक इतिहास के बीच से वह उभरता है, और भारत में ही नहीं, यूरोप तथा दुनिया के अन्य देशों में अपनी पहचान कराता है, अपने प्रत्येक क्रिया-कलाप के मूल में धर्म की केन्द्रीय स्थिति को सूचित करता है। अतएव मध्ययुग में उभरकर सामने आने वाला कोई भी जनतान्त्रिक अभियान धर्म की चौहद्दियों के भीतर ही अपनी अभिव्यक्ति करता है। यूरोप के महान सुधार आन्दोलन का उल्लेख करते हुए 'लुडविग फायरबाख' नामक अपनी कृति में एंगेल्स लिखते हैं :

> मध्ययुग ने धर्म दर्शन के साथ विचारधारा के अन्य सभी रूपों, दर्शन, राजनीति, विधिशास्त्र को जोड़ दिया, और इन्हें धर्म दर्शन की उपशाखाएँ बना दिया। इस तरह उसने हर सामाजिक और राजनीतिक आन्दोलन को धार्मिक जामा पहनने के लिए विवश कर दिया। आम जनता की भावनाओं को धर्म का चारा देकर और सब चीजों से अलग रखा गया। इसलिए कोई भी प्रभावशाली आन्दोलन आरम्भ करने के लिए अपने हितों को धार्मिक जामे में पेश करना आवश्यक था। जैसाकि श्री के. दामोदरन ने लिखा है एंगेल्स का यह कथन चौदहवीं तथा सत्रहवीं शताब्दियों के काल के भारत पर भी समान रूप से लागू होता है। (भारतीय चिन्तन परम्परा, 327)

यही नहीं, इस सन्दर्भ में धर्म के बारे में मार्क्स के जिस कथन को बहुधा उद्धृत किया जाता है, और जिसके आधार पर धर्म को जनता के लिए अफीम मानते हुए उसकी जन-विरोधी भूमिका को स्पष्ट किया जाता है, उसके बारे में भी हमें मार्क्स के सही आशय को जान लेना चाहिए। जनता को बरगलाने तथा उसकी वास्तविक स्थिति से उसे भरमाने में धर्म की वस्तुतः यही भूमिका है

जिसका मार्क्स ने उल्लेख किया है, किन्तु प्रायः इस बारे में मार्क्स को अधूरा ही उद्धृत किया जाता है, और इस अधूरी समझ के नाते हम जनता के, साधारण जनता के धर्म के प्रति आकर्षण तथा लगाव को उसके यथार्थ सन्दर्भों में नहीं पहचान पाते और कभी-कभी धर्म से बेइंतिहा जुड़ी हुई यह जनता भी हमें नितान्त मूढ़, प्रतिगामी तथा स्वतः अपने हाथों अपने पैर पर कुल्हाड़ी मारने के नाते संवेदना, सहानुभूति तथा समर्थन के योग्य नहीं मालूम देती। इस विषय पर मार्क्स का सम्पूर्ण कथन निम्नलिखित है :

> धर्म पीड़ित प्राणी की कराह है, वह इस हृदयहीन जगत का हृदय है, ठीक उसी प्रकार जैसे वह आत्मा हीन परिस्थितियों की आत्मा है। यह जनता के लिए अफीम है।

श्री के. दामोदरन की बात को यहाँ भी हम अपना मंतव्य स्पष्ट करने के लिए उद्धृत करेंगे। सवाल है कि जो धार्मिक विचार प्रकृति की बाह्य शक्तियों के कल्पनातीत प्रतिबिम्बों के रूप में मानव मस्तिष्क में मनुष्य की एकदम प्रारम्भिक अवस्था में उदित हुए थे क्रमशः मनुष्य के सभ्यता के दायरे में प्रवेश करने के उपरान्त भी क्यों बरकरार रहे, क्यों विज्ञान के द्वारा प्रकृति के रहस्यों के शनैः-शनैः उद्घाटन के बावजूद भी धर्म मानव मस्तिष्क में बना रहा। श्री दामोदरन का विचार है कि इन प्रश्नों का उत्तर सम्भवतः इस तथ्य में निहित है कि,

> अपने विकास की एक विशेष अवस्था में धर्म सामाजिक गुण प्राप्त कर लेता है, और इतिहास की आर्थिक और सामाजिक शक्तियों का प्रतिनिधित्व करने वाला बन जाता है। इसी रूप में आर्यों के देवताओं ने, जो आरम्भ में प्रकृति की शक्तियों के मूर्तिकरण थे, सामाजिक महत्त्व और सामाजिक गुण अर्जित कर लिए। इस रूपान्तरण से लोगों को एक हद तक सान्त्वना और काल्पनिक सुख भी मिला, और जीवन की कठिनाइयाँ झेलने में उन्हें आसानी मालूम हुई। (वही, 75)

इसके साथ ही, धर्म वास्तविक पीड़ा की अभिव्यक्ति और वास्तविक पीड़ा के विरुद्ध प्रतिरोध की भी अभिव्यक्ति है। मार्क्स का धर्म विषयक कथन इसी बिन्दु पर अपने सही अर्थ के साथ माना जा सकता है, और उसे सही आशय में ग्रहण करके ही हम उन तमाम मध्ययुगीन जन-अभियानों को उनके यथार्थ में जान और समझ सकते हैं जो ऊपर से धर्म प्रेरित दिखाई देते हैं या जिनमें जनता के धार्मिक लगाव का गहरा योग है। श्री दामोदरन के अनुसार, मार्क्स द्वारा धर्म की दी गयी परिभाषा को, जिसे हमने ऊपर उद्धृत किया है, प्रायः गलत तरीके से समझा और समझाया गया है :

> इस परिभाषा में वस्तुतः दो पहलुओं पर जोर दिया गया है। धर्म एक साथ ही मस्तिष्क की शोकाकुल अवस्था की अभिव्यक्ति है, और उसके विरुद्ध विक्षोभ

भी। पहली दशा में असमर्थता और उत्पीड़न के प्रति मन को बाँधने, दुख और दीनता तथा समाज की आत्माहीन परिस्थितियों के अनुकूल अपने को बनाने की भावना परिलक्षित है, जबकि दूसरी दशा उत्पीड़न तथा सामाजिक असमानता का अन्त करने की अभिलाषा की द्योतक है। इस अन्तर्विरोध के केवल एक पहलू पर बल देना मार्क्स के वक्तव्य को तोड़ने-मरोड़ने के समान है। (वही, 76)

इसी बात को स्पष्ट करते हुए श्री दामोदरन आगे कहते हैं :

भारत में धर्म पर आस्था सदा सामाजिक प्रगति के लिए प्रतिकूल नहीं रही। वास्तव में इसने प्रायः ही उत्पीड़न और शोषण के विरुद्ध प्रतिरोध का रूप धारण किया। भारत में कितने ही सामाजिक और राजनीतिक संघर्ष धार्मिक सुधारों के आवरण में लड़े गये। इस प्रकार धार्मिक आन्दोलनों ने, विशेषकर उस समय जब वे प्रारम्भिक अवस्था में थे, और उन्होंने किसी पंथ या सम्प्रदाय का रूप धारण नहीं किया था, एक गतिपूर्ण और प्रगतिशील भूमिका ही अदा की। हमारे इतिहास के कितने ही मोड़ों पर जनता में धार्मिक शिक्षाओं के प्रति आध्यात्मिक दृष्टिकोण ने विलक्षण सृजनात्मक शक्ति को जन्म दिया, ऐसी शक्ति को जन्म दिया जो अभूतपूर्व सामाजिक परिवर्तन लाने में सहायक हुए। (वही, 76)

हमने श्री दामोदरन को विस्तार से यहाँ इसीलिए उद्धृत किया है ताकि हम मध्यकालीन भक्ति-आन्दोलन को, जो मूलतः धर्म के आवरण में साधारण जनता की सामाजिक अस्मिता के सवाल को प्रधान रूप में सामने लाया, तथा उन भक्त तथा सन्त कवियों को, जो बावजूद एक गहरे धार्मिक विश्वास तथा आस्था के, उन विश्वासों तथा आस्था के अपने सारे अन्तर्विरोधों को लिये-दिये साधारण जनता से जुड़े रहे तथा जिन्होंने एक निहायत आक्रान्ता समाज में साधारण जन को मानसिक परितृप्ति तथा सन्तोष प्रदान किया, सही रूप में समझ और पहचान सके। प्रायः उनकी धार्मिक आस्था को उसके सही सन्दर्भ में न देख पाने के कारण, अथवा उनके अन्तर्विरोधों को सही परिप्रेक्ष्य में विश्लेषित न कर पाने के कारण मात्र उनकी धार्मिक सम्पृक्ति के नाते ही हम उन्हें प्रतिगामी तथा पतनशील मान बैठते हैं। यह एक निहायत खतरनाक किस्म का अतिवाद है जिसमें हमें बचना चाहिए। उपर्युक्त सारा विवेचन मात्र इसी अतिवाद से सावधान रहने के हेतु किया गया है।

आचार्य हजारी प्रसाद द्विवेदी ने अधिकांश मध्ययुगीन वैदुष्य को महज टीकाओं तथा भाष्यों की रचना तक ही सीमित माना है, और सही माना है। वस्तुतः सामन्तवाद के पतन के साथ हिन्दू धर्म के पण्डितों तथा आचार्यों ने इस्लाम की ओर से आयी चुनौती के आतंक में जिस एक बात पर सर्वाधिक बल दिया वह थी

पुरानी व्यवस्था को सही सिद्ध करने के लिए शास्त्रों तथा प्राचीन धर्म ग्रन्थों की नयी व्याख्या; फलतः टीकाओं तथा भाष्यों का एक अम्बार सा हमें इस समूचे काल में दिखाई पड़ता है। हिन्दू समाज को संघटित करने के लिए नये-नये आचारों तथा विधि-विधानों का भी रूप सामने आया, तथा प्राचीन आचारों तथा कर्मकाण्डों को भी फिर से रेखांकित किया गया।

जाहिर है कि अतीत को फिर से जीवित करने का यह प्रयास तत्कालीन सन्दर्भों में पूरी तरह से कारगर साबित नहीं हो सका। नयी आर्थिक तथा सामाजिक शक्तियाँ अपने नये विचारों के साथ सामने आकर प्राचीन आचार-विचारों तथा विश्वासों को नयी चुनौतियाँ दे रही थीं। नये विचारक अपने विचारों के माध्यम से पुरातन व्यवस्था की असंगतियों को उभार रहे थे तथा समाज को संघटित करने के उद्देश्य से नयी दिशाओं का प्रवर्तन कर रहे थे, जो जाहिरा तौर पर चली आती हुई लीक के विरोध में था। ऐसी स्थिति में ही, सामन्तवाद की जकड़बन्दी के कमजोर पड़ने का लाभ उठाकर भारत में एक नये जन-अभियान का रूप सामने आया जिसे भक्ति के आन्दोलन के नाम से पहचाना जाता है। जैसा कि हम आगे चलकर देखेंगे धार्मिक आवरण में ही सामने आने पर भी यह भक्ति आन्दोलन कोरा धार्मिक आन्दोलन नहीं था। श्री दामोदरन लिखते हैं :

> भक्ति-आन्दोलन का मूल आधार विष्णु अथवा उनके अवतारों, राम और कृष्ण की भक्ति थी। किन्तु यह शुद्धतः एक धार्मिक आन्दोलन नहीं था। वैष्णवों के सिद्धान्त मूलतः उस समय व्याप्त सामाजिक-आर्थिक यथार्थ की आदर्शवादी अभिव्यक्ति थे। सांस्कृतिक क्षेत्र में उन्होंने राष्ट्रीय नवजागरण का रूप धारण किया। सामाजिक विषयवस्तु में जो जाति प्रथा के आधिपत्य और अन्यायों के विरुद्ध अत्यन्त महत्त्वपूर्ण विद्रोह के द्योतक थे। इस आन्दोलन ने भारत में विभिन्न राष्ट्रीय इकाइयों के उदय को नया बल प्रदान किया। साथ ही राष्ट्रीय भाषाओं और उनके साहित्य की अभिवृद्धि का मार्ग भी प्रशस्त किया। व्यापारी और दस्तकार सामन्ती अवशोषण का मुकाबला करने के लिए, इस आन्दोलन से प्रेरणा प्राप्त करते थे। यह सिद्धान्त कि ईश्वर के सामने सभी मनुष्य, फिर वे ऊँची जाति के हों अथवा नीची जाति के, समान हैं, इस आन्दोलन का केन्द्र बिन्दु बन गया, जिसने पुरोहित वर्ग और जाति प्रथा के आतंक के विरुद्ध संघर्ष करने वाले आम जनता के व्यापक हिस्सों को अपने चारों ओर एकजुट किया। इस प्रकार मध्ययुग के इस महान आन्दोलन ने न केवल विभिन्न भाषाओं और विभिन्न धर्मों वाले जन समुदायों की एक सुसम्बद्ध भारतीय संस्कृति के विकास में मदद की, बल्कि सामन्ती दमन और उत्पीड़न के विरुद्ध संयुक्त संघर्ष चलाने का मार्ग भी प्रशस्त किया। (वही, 327)

इस प्रकार यह भक्ति-आन्दोलन धार्मिक आवरण में भी देश के साधारण जन

की व्यथा-कला का आन्दोलन बनकर सामने आया और जैसा कि हमने प्रारम्भ में कहा है, इसने देश को उत्तर-दक्षिण, पूर्व और पश्चिम, सभी ओर स्पन्दित किया, सारे राष्ट्र की समग्र अभिव्यक्ति के रूप में सामने आया। दक्षिण में रामानुज इसके पुरोधा बने तथा उत्तर में इसे उनके शिष्य रामानन्द सामने लाये। रामानुज ने ब्राह्मण-अब्राह्मण सभी को, यहाँ तक कि मुसलमानों को भी, अपनी शिष्य-परम्परा में लिया तथा दक्षिण में व्याप्त खानपान-सम्बन्धी कट्टरता एवं अस्पृश्यता जैसी सामाजिक विकृतियों पर प्रहार किया। यही काम उत्तर भारत में रामानन्द ने किया। समूचे उत्तर भारत में भ्रमण करते हुए उन्होंने अपने क्रान्तिकारी सामाजिक विचारों का प्रचार-प्रसार किया। तुलसी को अपनी शिष्य-परम्परा में लेते हुए कबीर को भी उसके अन्तर्गत स्वीकार किया। राम-नाम का उनका मन्त्र सगुण तथा निर्गुण दोनों ही प्रकार की भक्ति का संवाहक बना। निम्न जातियों से तमाम सन्त उस भक्ति आन्दोलन की लहर में ऊपर आये जिनमें जुलाहा कबीर, बुनकर दादू, चमार रैदास, नाई सेना, दरजी नामदेव, कसाई सदना आदि प्रमुख हैं। चाहे पूर्व हो या पश्चिम, उत्तर हो या दक्षिण भक्ति-आन्दोलन का मुख्य नेतृत्व नीची कही जाने वाली जातियों के हाथों में ही रहा। इन सन्तों ने साधारण जनता को वर्ग, धर्म, जाति और सम्प्रदाय की संकीर्णता से मुक्त करते हुए परस्पर घुलने-मिलने की प्रेरणा दी और इस प्रकार सामन्तवाद की जड़ों पर कड़ा प्रहार किया।

यह भक्ति-आन्दोलन कुछ मूलवर्ती आस्थाओं के तहत आगे बढ़ा और उन्हीं के नाते यह, बावजूद विभिन्न प्रदेशों में अपने कमोबेश वेग के, एक संश्लिष्ट चरित्र बनाए रह सका। ये मूलवर्ती आस्थाएँ थीं : धार्मिक विचारों के बावजूद जनता की एकता को स्वीकार करना, ईश्वर के समक्ष सबकी समानता का प्रतिपादन, जाति प्रथा का विरोध, इस विचार का प्रचार कि मनुष्य और ईश्वर के बीच तादात्म्य प्रत्येक मनुष्य के सद्गुणों पर निर्भर करता है, न कि उसकी ऊँची जाति तथा धन-सम्पत्ति पर; इस विचार पर जोर कि भक्ति की आराधना का उच्चतम स्वरूप है, तथा बाह्याचारों, कर्मकाण्डों आदि की निन्दा तथा भर्त्सना। इसके अलावा मनुष्य सत्य को सर्वोपरि मानते हुए वर्गगत, जातिगत भेदभावों के तथा धर्म के नाम पर किये जाने वाले उत्पीड़न का दृढ़ विरोध। भक्ति-आन्दोलन की ये मूलवर्ती आस्थाएँ हमें उसके प्रत्येक पुरस्कर्ता के यहाँ प्राप्त होती हैं और ये आस्थाएँ इतनी प्रबल थीं तथा इनसे जनमानस को इतनी परितृप्ति मिली कि भक्ति-आन्दोलन का आधार व्यापक से व्यापकतर होता चला गया।

इस आन्दोलन के भौतिक सामाजिक आधारों के प्रमुख पक्षों को रेखांकित करते हुए दामोदरन लिखते हैं :

> वस्तुनिष्ठ दृष्टि से समस्त जनता की एकता पर यह जोर दिया जाना ऐतिहासिक आवश्यकता के अनुरूप था। समय की माँग थी कि जाति-पाँति

और धर्मों के भेदभाव पर आधारित तुच्छ सामाजिक विभाजनों का, जो घरेलू बाजार के विकास और उसके परिणामस्वरूप होने वाले परिवर्तनों के कारण अब एकदम निरर्थक हो गये थे, अन्त किया जाये। ईश्वर के सम्मुख सभी प्राणियों की समानता का सिद्धान्त उस नयी सामाजिक चेतना का द्योतक था जो सामन्ती शोषण के विरुद्ध जूझने वाले किसानों और कारीगरों में फैल रही थी। व्यक्ति के गुणों और योग्यताओं पर जोर, जो ऊँची जाति या किसी विशिष्ट वंश में जन्म लेने के फलस्वरूप प्राप्त सुविधाओं के विपरीत था, व्यक्तिगत स्वतन्त्रता की ऐतिहासिक आकांक्षाओं की अभिव्यक्ति था। व्यक्तिगत स्वतन्त्रता का यह नारा, एक नये पूँजीपति वर्ग का, जिसका कि उदय हो ही रहा था, नारा था। ये विचार धार्मिक अर्थों में भी, निःसन्देह, मध्ययुग की उन परिस्थितियों को देखते हुए, जिनमें जाति-पाँति की स्पर्धा और अन्धविश्वासों के फलस्वरूप समाज का प्रगति करना असम्भव हो गया था, प्रगतिशील थे। भक्ति-आन्दोलन ने केवल अन्धविश्वास और जाति प्रथा के खिलाफ आवाज उठाने और ईश्वर की दृष्टि में सबकी समानता घोषित करने की बात तक ही अपने को सीमित नहीं रखा। इस आन्दोलन के कुछ नेताओं ने तो मुगल आधिपत्य और कुशासन तथा सामन्ती शोषण और उत्पीड़न के विरुद्ध व्यापारियों, कारीगरों और गरीब किसानों के संघर्ष का नेतृत्व भी किया। (वही, 335)

भक्ति-आन्दोलन के मूलवर्ती सामाजिक-आर्थिक आधारों तथा उसके फलस्वरूप साधारण जन की आकांक्षाओं के अनुरूप एक शक्तिशाली सामन्तवाद-विरोधी उत्थान के रूप में, उसकी धार्मिक-आध्यात्मिक परितृप्ति के एक प्रभावशाली अवलम्ब के रूप में, उसकी विवेचना करने के उपरान्त अब हम भक्ति-आन्दोलन के सम्बन्ध में गजानन माधव मुक्तिबोध के विचारों को भी इस नाते प्रस्तुत करना चाहेंगे कि उनमें न केवल भक्ति-आन्दोलन के उद्‌भव-विकास को एक पैनी नजर से देखा और आँका गया है, उनके बीच से कुछ ऐसे सवाल भी उठाए गये हैं जो भक्ति आन्दोलन की शक्ति के साथ-साथ उन कारणों के प्रति हमें मुखातिब करते हैं जिनके तहत एक शक्तिशाली उत्थान होते हुए भी अन्ततः उसे बिखर जाना पड़ा। जाहिर है कि इन सवालों और उनके जवाबों से गुजरे बिना हम भक्ति-आन्दोलन का उसकी समग्रता से आकलन नहीं कर सकते।

गजानन माधव मुक्तिबोध से भक्ति-आन्दोलन को मूलतः उच्च वर्गों तथा ऊँची कही जाने वाली जातियों के खिलाफ निम्न वर्गों तथा जातियों के आवश्यक विद्रोह के रूप में देखा है, गोकि समय के अपने तकाजे से भक्ति-आन्दोलन में ऊँची जातियों के भक्तों तथा सन्तों का भी योग रहा, और उन्हें निम्न वर्गों के लोगों कीं आकांक्षाओं को अभिव्यक्ति देनी पड़ी। मुक्तिबोध की दूसरी स्थापना यह है कि गोकि भक्ति-आन्दोलन में ऊँच और नीच दोनों प्रकार के सन्तों और भक्तों

का योग रहा, जहाँ तक सामाजिक भेदभाव तथा मानव-एकता की मूलवर्ती आस्था का सवाल है, निम्न कहे जाने वाले सन्तों का योगदान अधिक भास्वर है। मुक्तिबोध की तीसरी महत्त्वपूर्ण स्थापना यह है कि भक्ति-आन्दोलन में उच्च वर्गों का प्रभाव शनैः-शनैः मजबूत होता गया और भक्ति-आन्दोलन के बिखरने तथा अपना वास्तविक ताप खो देने का यह एक महत्त्वपूर्ण कारण है। हम यहाँ मुक्तिबोध की बात को उन्हीं के शब्दों में रखना चाहेंगे। वे लिखते हैं :

> शिवाजी स्वयं मराठा क्षत्रिय था, किन्तु भक्ति-आन्दोलन से जाग्रत जनता के कष्टों से खूब परिचित था, और स्वयं एक कुशल संगठक और वीर सेनाध्यक्ष था। सन्त रामदास, जिसका उसे आशीर्वाद प्राप्त था, स्वयं सनातनी ब्राह्मणवादी था, किन्तु नवीन जाग्रत जनता की शक्ति से खूब परिचित भी था। सन्त से अधिक वह स्वयं एक सामन्ती राष्ट्रवादी नेता था। तब तक कट्टरपंथी शोषक तत्त्वों में ये भावना पैदा हो गयी थी कि निम्नजातीय सन्तों से भेदभाव अच्छा नहीं है। अब ब्राह्मण शक्तियाँ स्वयं उन्हीं सन्तों का कीर्तन गायन करने लगीं। किन्तु इस कीर्तन गायन के द्वारा वे उस समाज की रचना को, जो जातिवाद पर आधारित थी, मजबूत करते जा रहे थे। एक प्रकार से उन्होंने अपनी परिस्थिति से समझौता कर लिया था। दूसरे, भक्ति-आन्दोलन के प्रधान सन्देश से प्रेरणा प्राप्त करने वाले लोग ब्राह्मणों में भी होने लगे। रामदास, एक प्रकार से ब्राह्मणों में से आये हुए अन्तिम सन्त हैं। इसके पहले एकनाथ हो चुके थे। कहने का सारांश यह कि नवीन परिस्थिति में यद्यपि युद्ध सत्ता (राजसत्ता) शोषित और गरीब तबकों से आये हुए सेनाध्यक्षों के पास थी, किन्तु सामाजिक क्षेत्र में पुराने और नये सामन्तवादियों में समझौता हो गया था। नये सामन्तवादी कुनबियों, धनगरों और मराठों और अन्य गरीब जातियों से आये सेनाध्यक्ष थे। इस समझौते का फल यह हुआ कि पेशवा ब्राह्मण हुए किन्तु युद्धसत्ता नवीन सामन्तवादियों के हाथ में रही। उधर सामाजिक-सांस्कृतिक क्षेत्र में निम्नवर्गीय भक्तिमार्ग के जनवादी—सन्देश के दाँत उखाड़ लिए गये। उन सन्तों को सर्ववर्गीय मान्यता प्राप्त हुई, किन्तु उनके सन्देश के मूल स्वरूप पर कुठाराघात किया गया और जातिवादी पुराण धर्म पुनः निश्शंक भाव से प्रतिष्ठित हुआ। (नयी कविता का आत्मसंघर्ष तथा अन्य निबन्ध, 88)

जो स्थिति महाराष्ट्र की थी, सामाजिक-सांस्कृतिक क्षेत्र में, मुक्तिबोध के अनुसार, वही उत्तर भारत में भी दिखाई पड़ती है। यहाँ भी भक्ति-आन्दोलन के सूत्र निम्न वर्गों से धीरे-धीरे उच्च वर्गीय सन्तों के हाथ में केन्द्रित होते जाते हैं और एक बार भक्ति-आन्दोलन में ब्राह्मणों का प्रभाव जम जाने पर वर्णाश्रम धर्म की पुनर्विजय की घोषणा में कोई देर नहीं थी। मुक्तिबोध की मान्यता है कि गोकि

महाराष्ट्र में सगुण भक्ति तथा निर्गुण भक्ति में कोई द्वैत नहीं था किन्तु जहाँ तक उत्तर भारत का सवाल है, यहाँ निर्गुण भक्ति निम्न वर्णों के सन्तों की प्रमुखता को सूचित करती है तथा निम्न वर्ण के साधारण जन भी उसके अन्तर्गत बहुसंख्या में एकत्र होते हैं। कर्मकाण्डों, जाति प्रथा तथा मानव एकता की बात इन निर्गुण सन्तों का अवलम्ब पाकर निर्गुण भक्ति में जितने आवेश और जोर-शोर के साथ सामने आती है, सगुण भक्ति के अन्तर्गत वह इस कारण उतना वेग तथा प्रमुखता नहीं पाती कि उसके पोषक सन्त अधिकतर उच्च वर्ण के थे और निर्गुण सन्तों की भाँति जातिगत विषमता तथा वर्णगत अपमान का उन्हें सीधा अनुभव नहीं था।

निर्गुण भक्ति में जहाँ हमें जाति, वर्ग-वर्णगत भेदभावों तथा उसके फलस्वरूप साधारण जन पर होने वाले अत्याचारों आदि के प्रति तीखे विद्रोह का भाव दिखाई पड़ता है, सगुण कृष्ण भक्ति में आकर वह एकदम कम हो जाता है। फिर भी, सगुण कृष्ण भक्ति का अवलम्बन कृष्ण के होने के नाते, और जहाँ तक कृष्ण के लोकप्रिय चरित्र का सवाल है, उस नाते, सगुण कृष्ण भक्त कवि यदि जातिगत तथा वर्णगत भेदभाव आदि का तीखा विरोध नहीं करते, तो कृष्ण की लीलाओं में ही मन रमाने के नाते निर्गुण भक्ति के इस निम्नवर्गीय जनवादी रुझान का विरोध भी नहीं करते। सगुण राम भक्ति में आकर स्थिति काफी कुछ बदली हुई दिखाई देती है। जन साधारण की आकांक्षाओं से सगुण रामभक्ति भी जुड़ती है, पर उच्च वर्ण के नेतृत्व की मजबूती के नाते वह इस निम्नवर्गीय जनवादिता का विरोध न करते हुए भी, पुरानी व्यवस्था अर्थात् वर्णाश्रम व्यवस्था का समर्थन करती है, और धीरे-धीरे उस निम्नवर्गीय जनवादी रुझान को एकदम समाप्त ही कर देती है। मुक्तिबोध ने गोस्वामी तुलसीदास का उदाहरण देते हुए अपनी बात को पुष्ट किया है जिस पर हम अपने 'तुलसीदास' शीर्षक निबन्ध में विचार करेंगे। सम्प्रति, हम उनके शब्दों में यही प्रस्तुत करना चाहेंगे कि 'तुलसी को भक्ति का यह मूल तत्त्व तो स्वीकार करना पड़ा कि राम के सामने सब बराबर हैं, किन्तु चूँकि राम ही ने सारा समाज उत्पन्न किया है, इसलिए वर्णाश्रम धर्म और जातिवाद को तो मानना ही पड़ेगा।' मुक्तिबोध सवाल करते हैं :

> क्या यह एक महत्त्वपूर्ण तथ्य नहीं है कि रामभक्ति शाखा के अन्तर्गत एक भी प्रभावशाली और महत्त्वपूर्ण कवि निम्नजातीय शूद्र वर्गों से नहीं आया। क्या यह एक महत्त्वपूर्ण तथ्य नहीं है कि कृष्णभक्ति शाखा के अन्तर्गत रसखान और रहीम जैसे हृदयवान मुसलमान कवि बराबर रहे आये किन्तु रामभक्ति शाखा के अन्तर्गत एक भी मुसलमान, और भी शूद्र, कवि, प्रभावशाली और महत्त्वपूर्ण रूप से अपनी काव्यात्मक प्रतिभा विशद नहीं कर सका।

निष्कर्ष यह कि जो भक्ति-आन्दोलन जन साधारण से शुरू हुआ और जिसमें सामाजिक कट्टरपन के विरुद्ध जन साधारण की सांस्कृतिक आशाकांक्षाएँ

बोलती थीं, उसका मुनष्य सत्य बोलता था, उसी भक्ति-आन्दोलन को उच्चवर्गीयों ने आगे चलकर अपनी तरह बना लिया और उससे समझौता करके फिर उस पर अपना प्रभाव कायम करके और अनन्तर जनता के अपने तत्त्वों को उनमें से निकालकर उन्होंने उस पर अपना पूरा प्रभुत्व स्थापित कर लिया। (वही, 90)

भक्ति-आन्दोलन के अपने मूलवर्ती ताप को खो देने के कुछ और भी कारण हैं, मसलन उच्च वर्गों के हाथ में उसका नेतृत्व जाने के परिणामस्वरूप सामन्ती ताकतों का पुनः अपने को मजबूत करना और संगठित होना। यही नहीं, निम्नवर्गों के बीच से पैदा हुए सेनाध्यक्षों और नेताओं का नये सामन्ती घराने गठित करना और इस प्रकार ब्राह्मणवाद को पुनः सिरमौर बनाकर पूजना। जिस सामन्तवाद को ढहना था उसे ताकत मिली नहीं कि ब्राह्मण और ब्राह्मणेतर की भावना फिर से प्रतिष्ठित हो गयी, और निर्गुण मत की निम्नवर्गीय जनवादी रुझान तथा दिशा को समाप्त हो जाना पड़ा।

भक्ति-आन्दोलन की मूलवर्ती निम्नवर्गीय जनवादी चेतना के बिखरने का एक सबसे महत्त्वपूर्ण कारण, जिसकी ओर श्री दामोदरन तथा मुक्तिबोध दोनों ने ही इशारा किया है, यह है कि सामन्तवाद के पुनः शक्ति पा जाने के फलस्वरूप राष्ट्रीय पूँजीवादी शक्तियों का वह उभार रुक गया जिसकी सम्भावना दिखाई पड़ रही थी, और जो सामन्तवाद को मूल से उखाड़ सकने में सक्षम होतीं। समाज के आर्थिक-सामाजिक स्तर पर वर्गहीन हुए बिना सामाजिक-आर्थिक समानता की बात नहीं की जा सकती, और यह सब पूँजीवाद के अभ्युदय की स्थिति में ही सम्भव था, जो नहीं हो सका। श्री दामोदरन का कहना है :

यदि यह आन्दोलन सदा के लिए सामाजिक असमानताओं और जाति-प्रथा से उत्पन्न अन्यायों को खत्म नहीं कर सका तो सम्भवतः इसका कारण यह था कि कारीगर, व्यापारी और दस्तकार, जो इस आन्दोलन का मुख्य आर्थिक आधार थे, अब भी कमजोर और असंगठित थे, और इससे पहले कि उदीयमान पूँजीपति वर्ग एक वर्ग के रूप में अपना पूर्ण विकास प्राप्त करे, ब्रिटिश पूँजीपतियों ने देश को जीतकर अपने कब्जे में कर लिया और उसे ब्रिटिश साम्राज्य का एक अंग बना लिया। (पूर्वोद्धृत, 337)

अंग्रेजों ने इस प्रकार न केवल भारत में राष्ट्रीय पूँजीवाद के उदय को रोका, उन्होंने समाज के मूलवर्ती ढाँचे को अपरिवर्तित रहने दिया अर्थात् सामन्तवाद की जड़ें मजबूत कीं। कुल मिलाकर, भक्ति-आन्दोलन अपनी युगान्तरकारी भूमिका समाप्त कर काल के एक बिन्दु पर आकर समाप्त हो गया। यह सही है कि जिन सन्तों तथा भक्तों ने चाहे वे निर्गुण सन्त हों, चाहे सगुण सन्त और भक्त, सामाजिक असमानता के खिलाफ आवाज उठाई, जाति-प्रथा का विरोध किया, मानव मात्र की समानता का नारा बुलन्द किया तथा एक-मानव धर्म तथा

एक-मानव संस्कृति का आदर्श सामने रखा, वे सब भाववादी-आदर्शवादी सदिच्छाओं से ऊपर नहीं उठ सके, उनके पास समाज तथा व्यवस्था की वास्तविकता को समझने की वैज्ञानिक दृष्टि भी नहीं थी, वे मात्र मानवतावादी उद्देश्यों से परिचालित थे, और जो कुछ उन्होंने कहा और प्रचारा संवेदनात्मक आधार पर ही कहा और प्रचारित किया, और भक्ति- आन्दोलन के किसी स्थायी प्रभाव के न रहने में यह सब भी मूलवर्ती कारणों के रूप में विद्यमान है, फिर भी, अपने समय और अपने युग के बीच उन्होंने जो कुछ किया वह युगान्तरकारी ही माना जायेगा। उनकी अपनी सीमाएँ, रचनात्मक तथा विचारधारात्मक, अपनी जगह पर हैं, उनका प्रदेय भारतीय सांस्कृतिक जीवन के इतिहास में कभी न भुलाई जा सकने वाली एक हकीकत है, इसे हमें स्वीकार करना होगा।

गजानन माधव मुक्तिबोध की स्थापनाएँ भी हमें विचारार्थ आमन्त्रित करती हैं। चूँकि उनकी बातों में वजन है और हम उनसे सहमत हैं, अतएव हम उन पर इस स्थल पर अधिक टिप्पणी नहीं करना चाहते। भक्ति-आन्दोलन से जुड़े और भी बहुत से सवाल हैं, मसलन उसके उद्‌भव आदि को लेकर, उसकी अन्तर्वस्तु की भारतीयता-अभारतीयता को लेकर, जिन पर इस निबन्ध में हम प्रकाश नहीं डाल सके हैं। हम इन बातों की चर्चा अपने अगले निबन्ध में करेंगे, जो मूलतः भक्ति-आन्दोलन की आचार्य हजारी प्रसाद द्विवेदी की पुनर्व्याख्या से सम्बन्ध रखता है, और इस निबन्ध में कही गयी हमारी बातों को सम्पूर्ण बनाते हुए भक्ति-आन्दोलन की हमारी पहचान को गाढ़ा करता है।

अध्याय दो

भक्ति-आन्दोलन – 2

आचार्य हजारी प्रसाद द्विवेदी के लेखन का पाट यों तो बहुत विस्तृत है किन्तु हिन्दी के मध्यकाल और आदि काल पर उन्होंने अपनी दृष्टि विशेष रूप से केन्द्रित की है। आदि काल और मध्य काल के साहित्य के अध्ययन के सिलसिले में उन्होंने गहराई में जाकर उन स्रोतों का पता लगाने की कोशिश की है जिनका इन कालों की रचनाशीलता से सीधा सम्बन्ध है और जिनके नाते ही वह इतनी बहुआयामी है। इन कालों की रचनाशीलता की प्रेरक शक्तियों के साथ आचार्य जी ने इन कालों के रचनाकारों के स्वतन्त्र प्रदेय का भी मूल्यांकन किया है और उनमें से कइयों को अपेक्षा तथा विस्मृति के गर्भ से उबारकर अपने युग के ही नहीं, किसी भी युग के प्रमुख तथा मान्य रचनाकारों के रूप में प्रतिष्ठा दी है।

जिस प्रकार जायसी की कवि-प्रतिभा तथा सांस्कृतिक योगदान से हिन्दी जगत को परिचित कराने तथा भक्ति युग के एक महत्त्वपूर्ण रचनाकार के रूप में प्रतिष्ठापित करने का श्रेय आचार्य रामचन्द्र शुक्ल को जाता है, उसी प्रकार कबीर की युगान्तरकारी प्रतिभा को उबारने तथा रेखांकित करते हुए उसे समकालीन सन्दर्भ तक प्रासंगिक बना देने का श्रेय आचार्य द्विवेदी को है। आचार्य द्विवेदी का यह सारा कार्य मात्र उपलब्ध तथ्यों की व्याख्या और विश्लेषण तक ही सीमित नहीं है, उसके मूल में एक ऐसी शोध दृष्टि की सक्रियता, एक ऐसी जिज्ञासा है जो तल तक जाकर किसी वस्तु की समूची निर्मिति को उसके एक-एक रग-रेशे के साथ पहचानने और देखे जाने का आग्रह करती है, और इस क्रम में ऐसे अनेक अज्ञात तथ्यों को सामने लाती है, जो उस वस्तु के ज्ञात मूल्य में अथवा उसके बारे में चली आ रही धारणा में गुणात्मक परिवर्तन ला देते हैं, उसे एक नयी मूल्यवत्ता दे देते हैं।

यह बात आदिकालीन और मध्यकालीन सर्जना के आचार्य द्विवेदी द्वारा किये गये मूल्यांकन के सन्दर्भ में ही सही नहीं है, इस सर्जना के प्रेरक धार्मिक, सांस्कृतिक आन्दोलनों और उसके सर्जकों के लिए भी उतनी ही सच है। कहना न

होगा कि आचार्य द्विवेदी के लेखन ने इन युगों के अनेक सर्जकों के व्यक्तित्व और कार्य पर नया आलोक डालते हुए उन्हें उनकी सही छवि तथा सही जमीन प्रदान की है, जिसके फलस्वरूप न केवल इन युगों का रिकॉर्ड दुरुस्त हुआ है, अध्येताओं को अपनी इन विरासत को सही परिप्रेक्ष्य में देखने और उसे सही महत्त्व के साथ ग्रहण करने का सुयोग भी मिला है। मध्यकालीन भक्ति आन्दोलन का साक्ष्य लेते हुए अगली पंक्तियों में हम अपने उपर्युक्त मत की पुष्टि करेंगे, हमारे अनुसार जो मध्यकालीन भक्ति आन्दोलन की आचार्य जी के द्वारा की गयी पुनर्व्याख्या ही है।

लगभग तीन सौ वर्षों से भी ऊपर के समय तक भारतीय जीवन को अनुप्राणित करने वाले भक्ति-आन्दोलन की चर्चा करते हुए प्रायः प्रत्येक देशी-विदेशी विद्वान ने उसे एक महान् ऐतिहासिक घटना के रूप में स्मरण किया है। किसी ने उसे मध्यकाल के एक अभिनव सांस्कृतिक जागरण के रूप में देखा है, तो किसी ने धर्म, समाज, संस्कृति, यहाँ तक कि, जीवन के प्रत्येक क्षेत्र में उसके तलस्पर्शी प्रभाव को लक्ष्य करते हुए उसे एक नया युगान्तर माना है। भक्ति-आन्दोलन के व्यापक जन आधार, विशेषतः कोटि-कोटि दलितों, पीड़ितों और शोषितों के जीवन में आत्मसम्मानपूर्वक जी सकने की एक नयी आशा का संचार करने तथा उनके व्यापक सहयोग और शिरकत के बल पर देश के उत्तर से दक्षिण तथा पूर्व से पश्चिम तक, शताब्दियों की कालावधि में भी, अपने सार्थक प्रभाव को कायम रख सकने के नाते उसे मध्यकाल के एक महान जन आन्दोलन की संज्ञा भी दी गयी है। वर्ग तथा वर्ण व्यवस्था से जर्जर, सामाजिक ऊँच और नीच की भावना से आक्रान्त, नाना प्रकार के धार्मिक भेदभाव, कर्मकाण्ड तथा विधिनिषेधों से परिचालित भारतवर्ष के लिए भक्ति-आन्दोलन का प्रादुर्भाव और उसके द्वारा उद्घोषित मनुष्य सत्य एक ऐसा अनुभव था, जिसकी मिसाल नहीं हैं।

वर्ग, वर्ण, धर्म तथा सम्प्रदायगत बन्धनों की अवहेलना करते हुए, मनुष्यमात्र को ईश्वरोपासना का समान अधिकारी घोषित करने वाली शास्त्रगत व्याख्याएँ तथा व्यवस्थाएँ देकर आचार्यों ने इस काल में एक ऐसी सेक्यूलर विचारधारा की नींव रखी जो अपने समय को देखते हुए क्रान्तिकारी कही जा सकती है। भारत के सांस्कृतिक इतिहास में पहली बार शूद्रों, अन्त्यजों और सताए हुए वर्गों ने अपने सन्त दिए और इन सन्तों ने पहली बार जाति, धर्म, वर्ण तथा सम्प्रदाय की चहार-दीवारियों को तोड़ते हुए एक मानव धर्म तथा एक मानव संस्कृति का नारा बुलन्द किया।

यह सही है कि इस भक्ति-आन्दोलन से सामाजिक जीवन का अभिशाप सदा के लिए दूर नहीं हो सका, अधिकांशतः इन सन्तों की वाणी सदिच्छा के धरातल तक ही सीमित रही, और वह सब समय अपनी चेतना में समस्तरीय भी नहीं रहा, उसमें उतार-चढ़ाव आते रहे, नये-नये विचार तथा नये-नये मत उसकी आकृति को प्रशस्त तथा संकुचित करत रहे, उसकी गति और व्याप्ति भी फैलती-सिकुड़ती रही,

और समाज के प्रभु वर्ग अन्ततः उसके सूत्र अपने हाथ में लेने में सफल हो गये, फलतः उसका इस्तेमाल अपने हक में, चली आ रही व्यवस्था को मजबूत करने में किया जाने लगा, और अपने विराट जनाधार से विरहित होकर भक्ति के इस महान आन्दोलन को शान्त और समाप्त हो जाना पड़ा, फिर भी, अपने सारे आरोह-अवरोह के बावजूद यह भक्ति-आन्दोलन भारतीय जनजीवन के सबसे बड़े आध्यात्मिक तथा सांस्कृतिक उत्थान के रूप में ही हमें अपनी पहचान कराता है। कहना न होगा कि अपनी तमाम सीमाओं के बावजूद उसके बारे में मूलवर्ती मान्यता यही रही है और है।

भक्ति-आन्दोलन के बारे में देशी-विदेशी विद्वानों ने जो कुछ भी लिखा है उसके बीच से कुछ ऐसे सवाल उभरे हैं, भक्ति-आन्दोलन और उसके साथ सामने आने वाली रचनाशीलता की सही पहचान के लिए जिनके जवाब बेहद जरूरी हैं। इन विद्वानों में भक्ति-आन्दोलन के आधारभूत मुद्दों को लेकर कुछ गहरे मतभेद भी हैं। वस्तुतः इन मतभेदों की पड़ताल करते हुए और उनके बीच से गुजरकर सवालों के सही जवाब पाने की कोशिश करते हुए ही मध्यकाल की इस महान सांस्कृतिक विरासत का मूल्यांकन कर सकते हैं। इस प्रयास के दौरान ही आचार्य द्विवेदी की अपनी दृष्टि का साक्षात्कार भी हम कर सकेंगे।

सवाल है कि भक्ति-आन्दोलन की मूलवर्ती प्रेरणा क्या थी? जिसके फलस्वरूप उसका आविर्भाव हुआ और जिसकी चेतना ने भारतीय जनजीवन को शताब्दियों तक अपने में सराबोर रखा। कौन सा वह दुर्दम शक्तिपात था जिसने भक्ति के मन्द-मन्द बहते हुए सोते को एक ऐसे उच्छल नद का रूप दे दिया, कि उसके प्रवाह में सदियों के शास्त्र, धर्म, वर्ण और सम्प्रदायगत विधि-निषेध तिनके के समान बहते हुए दिखाई पड़े और जो शतधा विभक्त होकर सदियों तक भारतीय जनजीवन के आतप-तप्त प्राणों को शीतल करता रहा। क्या यह भक्ति-आन्दोलन कोई आकस्मिक घटना मात्र था, विदेश की मिट्टी में पनपी धर्म चेतना लेकर जो एकबारगी भारतीय जनजीवन में बिजली की तरह कौंध गया अथवा वह भारतीय जनजीवन के बीच भक्ति के मन्द-मन्द चले आते हुए प्रवाह की ही कुछ विशेष परिस्थितियों में उपजी एक जीवन्त अभिव्यक्ति था। सर एब्राहम जॉर्ज ग्रियर्सन ने इन सवालों से जूझते हुए भक्ति-आन्दोलन को न केवल बिजली की आकस्मिक कौंध माना है, वरन् उसका स्रोत भी मध्यकाल की यूरोपीय ईसाई चेतना में खोजने की कोशिश की है :

> बिजली की चमक के समान अचानक इस समस्त पुराने धार्मिक मतों के अन्धकार के ऊपर एक नयी बात दिखाई दी। कोई हिन्दू यह नहीं जानता कि यह बात कहाँ से आयी, और कोई भी इसके प्रादुर्भाव का कारण निश्चय नहीं कर सकता।

कोई भी मनुष्य जिसे पन्द्रहवीं तथा बाद की शताब्दियों का साहित्य पढ़ने का मौका मिला है उस भारी व्यवधान को लक्ष्य किये बिना नहीं रह सकता जो पुरानी और नयी धार्मिक भावनाओं में विद्यमान हैं। हम अपने को ऐसे धार्मिक आन्दोलन के सामने पाते हैं जो उन सब आन्दोलनों से कहीं अधिक व्यापक और विशाल है जिन्हें भारतवर्ष ने कभी देखा है। यहाँ तक कि वह बौद्ध धर्म के आन्दोलनों से भी अधिक व्यापक और विशाल है क्योंकि इसका प्रभाव आज भी वर्तमान है। इस युग में धर्म ज्ञान का नहीं बल्कि भावावेश का विषय हो गया था। यहाँ से हम साधना और प्रेमोत्साह के देश में आते हैं और ऐसी आत्माओं से साक्षात्कार करते हैं जो काशी के दिग्गज पण्डितों की जाति की नहीं हैं, बल्कि जिनकी समता मध्ययुग के यूरोपियन भक्त बर्नर्ड ऑफ क्लेयरबक्स, टामस ए केंपिन और सेंट घेरिसा से है। (ग्रियर्सन; आचार्य द्विवेदी के ग्रन्थ 'हिन्दी साहित्य' में उद्धृत, सं. 1952, पृ. 87-88)

आचार्य द्विवेदी की भक्ति-आन्दोलन की पुनर्व्याख्या वस्तुतः इसी प्रकार की चुनौतियों का प्रतिफल है। ग्रियर्सन ने पहले कृष्ण-भक्ति में ईसाइयत देखी और जब इसका प्रतिवाद विदेशी पण्डितों ने ही किया और उनके तर्क काट दिये गये तो फिर उन्होंने राम भक्ति में ईसाइयत के घनीभूत प्रवाह की ओर इंगित किया, विशेषतः गोस्वामी तुलसीदास की 'विनय पत्रिका' जैसी कृतियों में अभिव्यक्त उनकी प्रपत्ति भावना में। उन्होंने, और कुछ अन्य विदेशी पण्डितों ने तो दक्षिण की भक्ति, रामानुजाचार्य और रामाचन्द्र आदि पर भी ईसाई प्रभावों का आरोप किया है। आचार्य द्विवेदी ने अपने तर्कों का बल लेकर कृष्ण-भक्ति के समूचे विकास और उसके बदलते रूपों की विस्तृत व्याख्या करते हुए भागवत धर्म की भूमिका को उद्‍घाटित करते हुए तथा तुलसी जैसे सन्तों के प्रपत्तिवाद को भागवत तथा आलवारों की भक्ति चेतना से जोड़ते हुए एवं रामानुजाचार्य आदि पर पड़ने वाले तथाकथित ईसाई प्रभाव की बात को निरस्त करते हुए ग्रियर्सन जैसे पण्डितों की भ्रान्ति को खुलकर उद्‍घाटित कर दिया है। इस सन्दर्भ में वैष्णव भक्ति चेतना पर उन्होंने जिस महायानीय प्रभाव की चर्चा की है, उसका भी विशेष महत्त्व है, जिसकी अनदेखी का नतीजा ही अनेक भ्रान्तियों के रूप में सामने आया है।

दूसरी ओर आचार्य शुक्ल हैं जो एक स्तर पर तो भक्ति-आन्दोलन के ईसाई स्रोत को अमान्य करते हैं परन्तु दूसरे स्तर पर उसकी आकस्मिक उद्दाम अभिव्यक्ति का कारण भारत में इस्लाम के आगमन और उसके मजहबी रुख के परिणामस्वरूप उपजने वाली भारतीय जनता की पराभूत मनोवृत्ति और हताश प्रतिक्रिया में खोजते हैं। इस बारे में उनकी टिप्पणी है कि 'अपने पौरुष से हताश जाति के लिए भगवान की शक्ति और करुणा की ओर ध्यान ले जाने के अतिरिक्त दूसरा मार्ग ही क्या था।' (हिन्दी साहित्य का इतिहास, 63) आचार्य शुक्ल ने तत्कालीन

सामाजिक जीवन की पड़ताल करते हुए वज्रयानी सिद्धों, कापालिकों, और नाथपंथी योगियों के चमत्कारपूर्ण, आतंक उत्पादक क्रियाकलापों तथा गुह्य साधनाओं के फलस्वरूप सच्ची धर्म भावना के ह्रास का जिक्र भी किया है, और लिखा है कि जिस भक्ति का सूत्रपात महाभारत काल में, और विस्तृत प्रवर्तन पुराण काल में हुआ था, तथा जो कभी कहीं दबती, कभी कहीं उभरती किसी प्रकार चली भर आ रही थी, दक्षिण की ओर से धीरे-धीरे आने वाले भक्ति के सोते से मिलकर उसे राजनीतिक परिवर्तन के कारण शून्य पड़ते हुए जनता के हृदयक्षेत्र में फैलने का पूरा स्थान मिला। क्रमशः भक्ति का प्रवाह ऐसा विस्तृत और प्रबल होता गया कि उसकी लपेट में केवल हिन्दू जनता ही नहीं देश में बसने वाले सहृदय मुसलमानों में भी न जाने कितने आ गये। (वही, 64-65)

भक्ति काल के समय की राजनीतिक पृष्ठभूमि का जो परिचय आचार्य शुक्ल ने दिया है उसका सम्बन्ध, विशेष रूप से गजनवी, गोरी आदि के आक्रमणों तथा बाद के सुलतानों के काल से है। भक्ति साहित्य के आविर्भाव के समय राजनीतिक स्थिति इतनी उदग्र नहीं थी। तब तक हिन्दू-मुसलमानों के बीच निचले स्तर पर सांस्कृतिक आदान-प्रदान शुरू हो गया था। यह बात आचार्य शुक्ल ने भी अन्यत्र स्वीकार की है। भक्ति-आन्दोलन के बारे में आचार्य शुक्ल की चर्चा का सारतत्व यही है।

भक्ति-आन्दोलन की विस्तार से चर्चा करने वालों में आचार्य द्विवेदी का भी अपना विशिष्ट प्रदेय है। तमाम पश्चिमी पण्डितों के अलावा आचार्य शुक्ल के भी भक्ति-आन्दोलन और भक्तिकालीन सर्जना के सम्बन्ध में व्यक्त किये गये विचारों पर टिप्पणी करने के नाते और इस क्रम में भक्ति-आन्दोलन के सम्बन्ध में एकदम नये विचारों को सामने लाने के नाते उनकी चर्चा का सबसे अलग महत्त्व है। वस्तुतः भक्ति-आन्दोलन की यह सबसे नयी व्याख्या है जिसे अपनी 'सूर साहित्य', 'हिन्दी साहित्य की भूमिका', 'मध्यकालीन धर्म-साधना', 'हिन्दी साहित्य : उद्भव और विकास' तथा 'कबीर' जैसी गवेषणापूर्ण पुस्तकों के माध्यम से आचार्य द्विवेदी ने प्रस्तुत किया है। जिस समय आचार्य द्विवेदी ने इन पुस्तकों का प्रणयन किया वे शान्तिनिकेतन पहुँच चुके थे। वहाँ पर श्री क्षितिमोहन सेन के साथ उनका घनिष्ठ सम्पर्क, शोध की नयी दिशाओं तथा नयी सामग्री से उनका परिचय, पूर्व देश की धर्म साधनाओं तथा चिन्ताधाराओं का उनका अध्ययन तथा उनसे उनकी वैचारिक निकटता, और इन सब बातों के अलावा तथा सबसे ऊपर भक्ति-आन्दोलन जैसे विराट जन आन्दोलन के अपने जन अथवा लोक आधार के साथ अपने देश की चिन्ताधाराओं, धर्ममतों तथा साधना पद्धतियों में उसका स्रोत ढूँढने की उनकी गहरी जिज्ञासा, वे बातें हैं जिन्होंने आचार्य द्विवेदी को भक्ति-आन्दोलन की तलवर्ती भूमिका तथा दिशाओं की ओर सोचने और गहरे उतरने को प्रेरित किया।

कहने की जरूरत नहीं कि भक्ति-आन्दोलन को भारतीय चिन्ता के साथ जोड़कर देखने की उनकी आकांक्षा के मूल में न तो उनका संकुचित राष्ट्रवाद था, और न ही परम्परा का मोह, वरन् उनका यह दृढ़ विश्वास था कि इतना विराट जन आन्दोलन जिसने भारतीय जनजीवन में नयी प्राण-प्रतिष्ठा की हो, किसी विदेशी स्रोत या किसी हताश प्रतिक्रिया की उपज नहीं हो सकता। उसकी जड़ें जरूर अपने देश की मिट्टी में ही होंगी, और वह निश्चित रूप से सामान्य जन के सहज उत्साह तथा आस्था का प्रतिफल होगा। अन्यथा कबीर, सूर और तुलसी जैसे आत्मसम्मान से दीप्त, तेजस्वी सन्तों और भक्तों तथा उनकी वैसी ही तेजस्वी तथा मानवीय निष्ठा से ऊर्जस्वित रचनाशीलता का उद्‌भव सम्भव ही नहीं था। कोई भी महान साहित्य महज प्रतिक्रिया की उपज नहीं हुआ करता, महान रचनाशीलता अपनी खुद की जमीन से जुड़कर ही सामने आती है तथा अन्तरात्मा की मुक्त, प्रसन्न और स्वाभाविक अभिव्यक्ति हुआ करती है, अपने इस सहज विश्वास के तहत ही आचार्य द्विवेदी ने भक्ति-आन्दोलन की आत्मा को पहचानने का प्रयास किया और कहना न होगा कि अपने पाण्डित्य, अपनी प्रतिभा तथा अपनी जिज्ञासु शोधवृत्ति के एकात्म में वे भक्ति-आन्दोलन की जिस पुनर्व्याख्या में प्रवृत्त हुए उसका परिणाम भक्ति-आन्दोलन को उसके सही परिप्रेक्ष्य में, उसकी अपनी जमीन के साथ पहचानने और प्रस्तुत करने में स्पष्ट हुआ।

पहली बार यह तथ्य उभरकर सामने आया कि भक्ति-आन्दोलन का स्रोत न केवल ईसाइयत में नहीं है, वरन् यह कि भक्ति-आन्दोलन भारतीय चिन्ता की ही सहज स्वाभाविक अभिव्यक्ति और विकास है। वह दक्षिण और उत्तर-पश्चिम और पूर्व की समान-असमान भावनाओं, विचार सरणियों, साधनाओं और साधना पद्धतियों के सारतत्व का ऐसा सम्मिलन है जिसकी मिसाल दुर्लभ है। यह ठीक है कि उसकी अभिव्यक्ति एकबारगी ही, इस उद्दामता से हुई कि न केवल विदेशी पण्डितों को ही चमत्कार प्रतीत हुआ, भारतीय विद्वान भी जिसकी आकस्मिकता से स्तब्ध हुए, किन्तु तह पर जाकर विचार करने पर स्पष्ट हो जाता है कि जिसे सर जॉर्ज ग्रियर्सन ने बिजली की चमक के समान अचानक कौंध उठने वाला माना है, वह भक्ति-आन्दोलन वस्तुतः वैसा नहीं था, उनके लिए सैकड़ों वर्षों से मेघखण्ड एकत्र हो रहे थे। (हिन्दी साहित्य की भूमिका, 45) इन मेघखण्डों की पहचान और विस्तृत व्याख्या में ही आचार्य द्विवेदी की शोधवृत्ति, उनकी प्रतिभा और उनके पाडिण्त्य को परखा जा सकता है।

आचार्य द्विवेदी का निष्कर्ष है कि भक्ति-आन्दोलन के स्रोत को ईसाइयत में ढूँढना और उसे भारतीय चिन्ता से काट कर देखना अथवा उसे इस्लाम और उसके मजहबी क्रियाकलापों की प्रतिक्रिया मानना सही नहीं है। कालान्तर में विकसित सगुण और निर्गुण मतवाद के उसके दोनों आयाम चली आ रही साधना तथा

उपासना पद्धतियों का ही विकास हैं, भिन्न स्वभाव तथा भिन्न प्रकृति के बावजूद तथा अपने चरित्रगत वैशिष्ट्य के होते हुए भी भक्ति का एक अन्तर्वर्ती सूत्र दृढ़तापूर्वक उन्हें एक समान सांस्कृतिक विरासत से जोड़े हुए है। निर्गुण भक्तिवाद तत्वतः भिन्न नहीं हैं और जहाँ तक उनकी अन्तरंग तथा बहिरंग निर्मिति का प्रश्न है, बहुत से समान सूत्र उनकी बुनावट में देखे जा सकते हैं। चाहे हिन्दी साहित्य के निर्माण के समय की अर्थात् आदिकाल की रचनाशीलता हो, चाहे मध्यकाल की निर्गुण-सगुण सर्जना, आचार्य द्विवेदी ने इस समस्त रचनाशीलता की मूल प्रेरक शक्ति उस लोकधर्म में मानी है जो तमाम वैदिक-अवैदिक धर्मों, मतों, सम्प्रदायों आदि के शास्त्रनिष्ठ वचनों का तिरस्कार करता हुआ सामान्य जनता के जीवन के बीच अपना मार्ग बना रहा था। सारे धर्म तथा सारे मतवादों का सारतत्व इस लोकधर्म में घुसकर एक ऐसी समन्वित शक्ल पा रहा था जिसके रंग-रेशों की अलग से पहचान करना मुश्किल था।

इस प्रकार एक अभिनव लोकधर्म का रूप तो निखर ही रहा था, एक अभिनव लोक भाषा तथा लोक संस्कृति भी वैदिक-अवैदिक, आर्येतर आचार-विचारों, धारणाओं तथा मान्यताओं को एक-दूसरे में घुलाते-पचाते निर्मित हो रही थी। बौद्ध-धर्म के अवसान के साथ सामने आने वाले उसके महायान सम्प्रदाय में, तलनन्तर उसकी वज्रयान तथा सहजयान शाखाओं में, बौद्ध मत और शैव मत के अनोखे सम्मिश्रण से उपजे नाथपंथ में, शास्त्रों और सिद्धान्त ग्रन्थों से हटकर आर्य-अनार्य तत्त्वों तथा साधना पद्धतियों से आदान-प्रदान करते हुए विकसित होने वाले वैष्णव मत में तथा उसके देवी-देवताओं में, कहने का तात्पर्य यह कि तन्त्र-मन्त्र, योग-भक्ति आदि नाना प्रकार की ऐसी धार्मिक एवं साम्प्रदायिक विचार सरणियों में, जो वैदिक-अवैदिक दोनों प्रकार की थीं, किन्तु पारस्परिक आदान-प्रदान के फलस्वरूप न विशुद्ध वैदिक रह गयी थीं और न अवैदिक, वरन् जो लोकधर्म, लोकमत तथा लोक संस्कृति का रूप पा चुकी थीं; उन मेघखण्डों को पहचाना जा सकता है जिनकी एकबारगी और उद्दाम अभिव्यक्ति भक्ति-आन्दोलन के रूप में हुई और जिन्हें न पहचान पाने का नतीजा था कि बहुत से देशी-विदेशी पण्डितों को भक्ति-आन्दोलन या तो पराई धरती की उपज लगा या इस्लाम की मजहबी अतिवादिता की हताशामूलक प्रतिक्रिया प्रतीत हुआ।

सवाल भक्ति-आन्दोलन में ईसाइयत के प्रभाव का है। आचार्य द्विवेदी ने अपनी 'सूर साहित्य' पुस्तक में इस मुद्दे की व्यापक चर्चा की है कि क्यों भक्तिवाद ने तत्त्व ईसाइय्त में खोजना एक निरर्थक अथच उपहासास्पद प्रयास है। हम उनके द्वारा प्रस्तुत ब्योरों में नहीं जाना चाहते, कारण वे बहुत विस्तृत हैं, हम केवल उस निष्कर्ष को सामने रखना चाहते हैं जो उनकी चर्चा के उपरान्त हमें हासिल होता है और वह यह कि न केवल कृष्णभक्ति में ईसाइयत का लेशमात्र भी

प्रभाव नहीं है, वरन् कालान्तर में विकसित रामभक्ति, तुलसी या कबीर आदि में भी ईसाइयत का प्रभाव खोजना एक बहुत बड़ी भ्रान्ति है। कृष्ण का जो रूप आज है, यद्यपि वह नाना प्रकार के वैदिक-अवैदिक आर्य-अनार्य धाराओं तथा संस्कारों से मिल-जुलकर बना है, परन्तु ईसाई प्रभाव वहाँ है ही नहीं। रामभक्ति के अन्तर्गत, विशेषतः तुलसी आदि भक्तों में अवतारवाद का जो रूप है, अथवा उनकी भक्ति या प्रपत्ति में शरणागति का भाव है, उसका भी ईसाइयत से कोई लेना-देना नहीं है।

'हिन्दी साहित्य की भूमिका' पुस्तक में आचार्य जी ने कहा है कि 'शास्त्र-सापेक्ष भावधारा के भक्तों के अवतारवाद का जो रूप है उस पर महायान सम्प्रदाय का विशेष प्रभाव है। यह बात नहीं है कि प्राचीन हिन्दू चिन्ता के साथ उसका एकदम सम्बन्ध हो ही नहीं, पर सूरदास, तुलसीदास आदि भक्तों में उसका जो स्वरूप पाया जाता है, वह उन प्राचीन हिन्दू चिन्ताओं से कुछ ऐसा भिन्न जाति का है कि एक जमाने में ग्रियर्सन, केनेडी जैसे पण्डितों ने उसमें ईसाइयत का आभास पाया था। उनकी समझ में नहीं आ सका था कि ईसाई धर्म के सिवा उस प्रकार के भाव और कहीं से मिल सकते हैं। लेकिन आज शोध की दुनिया बदल गयी है। ईसाई धर्म में जो भक्तिवाद है वही महायानियों की देन सिद्ध होने को चला है। क्योंकि ऐसे बौद्धों का अस्तित्व एशिया की पश्चिमी सीमा में सिद्ध हो चुका है, और कुछ पण्डित तो इस प्रकार के प्रमाण पाने का दावा भी करने लगे हैं कि स्वयं ईसा मसीह भारत के उत्तरी प्रदेशों में आये थे और बौद्ध धर्म में दीक्षित भी हुए थे। (वही, 9-10) जिस महायान सम्प्रदाय का प्रभाव आचार्य द्विवेदी ने भक्तिवाद पर बताया है उनके अनुरार उनकी इन सात विशेषताओं की चर्चा पण्डितों ने की है :

1. सर्वभूतहितवाद में विश्वास रखना और समस्त जगत के कल्याणार्थ प्रयत्न करना, स्वयं कष्ट सहकर भी, नरक भोगकर भी, अन्य जीवों के उद्धारार्थ प्रयत्न करना।
2. बोधिसत्वों में विश्वास रखना और यह भी विश्वास करना कि मनुष्य अपने सत्कर्मों और भक्ति के द्वारा बोधिसत्व प्राप्त कर सकता है। हरि को भजे सो हरि को होई।
3. बौद्धों के लोकोत्तरत्व में विश्वास। यह भी विश्वास करना कि बुद्धगण काल और देश की सीमा में परिव्याप्त हैं।
4. जगत को सारशून्य और नश्वर मानना।
5. कर्मकाण्ड की बहुलता और मन्त्र तन्त्र में विश्वास।
6. संस्कृत के ग्रन्थों में विश्वास, पाली में नहीं।
7. बुद्ध में और विशेष करके अमिताभ बुद्ध में विश्वास और उनके नाम-जप से निर्वाण प्राप्ति में विश्वास। (हिन्दी साहित्य की भूमिका, 6-7)

इन बातों के ऐतिहासिक सन्दर्भ को स्पष्ट करते हुए आचार्य हजारी प्रसाद द्विवेदी ने टिप्पणी की है :

कहना व्यर्थ है कि ये सभी बातें उत्तर भारत के हिन्दू धर्म में रह गयी हैं। आगे चलकर हम यह भी देख सकेंगे कि हिन्दी साहित्य के प्रायः सभी अंग इनमें के एकाधिक सिद्धान्तों से प्रभावित थे। इन तथा अन्य महायानीय सिद्धान्तों की यदि हीनयान के सिद्धान्तों से तुलना की जाये तो इस विषय में कोई सन्देह नहीं रह जायेगा कि महायान हीनयान अपेक्षा अधिक मानवीय, लोकगम्य, सहज तथा समन्वयमूलक है। यह प्राचीन बौद्ध धर्म की भाँति केवल यही नहीं कहता कि सब कुछ छोड़कर चले जाओ, बल्कि सलाह देता है कि सब कुछ लिए हुए भी तुम परम पद तक पहुँच सकते हो। (वही, 7)

कहने का तात्पर्य यह कि बौद्ध धर्म का कालान्तर में एक लोकधर्म के रूप में जो विकास हुआ उसके न जाने कितने गहरे प्रभाव इस भक्तिवाद में देखे जा सकते हैं।

आचार्य द्विवेदी ने इस प्रकार भक्ति-आन्दोलन को उसके सही स्रोत से जोड़ते हुए एक बहुत बड़े भ्रम का निराकरण किया। जहाँ तक भक्ति-आन्दोलन के मूल में इस्लामी आक्रमण और इस्लाम की विजय के फलस्वरूप पराभूत हिन्दू जाति की हताश प्रतिक्रिया का सवाल है, हम पहले ही कह चुके हैं कि यह बात आचार्य द्विवेदी को मान्य नहीं है। इस सम्बन्ध में वे लिखते हैं :

कुछ विद्वानों ने इस भक्ति-आन्दोलन को हारी हुई हिन्दू जाति की असहाय चित्त की प्रतिक्रिया के रूप में बताया है जो ठीक नहीं है। प्रतिक्रिया तो जातिगत कठोरता और धर्ममत संकीर्णता के रूप में प्रकट हुई थी। उस जातिगत कठोरता का एक परिणाम यह हुआ कि इस काल में हिन्दुओं में वैरागी साधुओं को विशाल वाहिनी खड़ी हो गयी क्योंकि जाति के कठोर शिकंजे से भाग निकलने का एकमात्र उपाय साधु हो जाना ही रह गया था। भक्तिमतवाद ने इस अवस्था को सँभाला और हिन्दुओं में नवीन और उदार आशावादी दृष्टि प्रतिष्ठित की। (हिन्दी साहित्य, 102)

इसी पुस्तक में एक अन्य प्रसंग में आचार्य द्विवेदी ने लिखा है :

इस्लाम के अत्याचार तो उत्तर भारत में हुए किन्तु भगवान से शरणागति की प्रवृत्ति दक्षिण में क्यों दिखाई पड़ी जो उस समय एकदम निरापद था। मुसलमानों के अत्याचार के कारण यदि भक्ति की भावधारा को उमड़ना था तो उसे पहले सिन्ध में और फिर उत्तर भारत में प्रकट होना चाहिए था, पर हुई वह दक्षिण में। (वही, 88-89)

भक्ति-आन्दोलन को विभिन्न स्वभाव और चरित्र वाली चिन्ताधाराओं के गर्भ से जन्म लेने वाले लोकधर्म का सहज रूप मानने वाली विचार सारणि के साथ इस मान्यता की संगति भी नहीं बैठती। निर्गुण तथा सगुण रचनाशीलता का जो रूप

उभरकर सामने आया है वह भी इस प्रकार की मान्यता का तिरस्कार करता है। बाह्याचारों की धज्जियाँ उड़ाने वाली, शास्त्र और वेद का तिरस्कार करने वाली अथवा बड़ी-बड़ी डींगें हाँकने वाली कबीर जैसे सन्तों की दृप्त वाणी हो या कि प्रेम के रस में नीचे से ऊपर तक डूबी सूर जैसे भक्तों की आकुल तथा उल्लसित पुकार यही नहीं, तुलसी जैसे मर्यादा प्रेमी रामभक्त का शालीन स्वर हो या प्रपत्तिमूलक दैन्य, किसी भी स्तर पर ये हताश मानस की अभिव्यक्तियाँ नहीं हैं। इन सब के बीच चली आती हुई चिन्ताधाराओं में गहराई से जमे हुए हैं। उनका सम्बन्ध सिद्धों अथवा नाथों की उद्धत कटूक्तियों से हो, देश के पूर्वी प्रदेशों में विकसित और पल्लवित महायानीय भक्तिवाद तथा तन्त्रों के संस्कार वाली, प्रेम को ही सबसे बड़ा पुरुषार्थ मानने वाली रागरस रंगप्रधान कोमल और मृदु भावों से युक्त वैष्णव भक्ति से हो, अथवा रामानन्दीय चेतना वाली, साथ ही आलवारों की विह्वल प्रपत्ति की अन्तरंग प्रेरणा से सराबोर सामने आने वाली रामभक्ति से हो, कहीं भी और किसी भी स्तर पर उनमें हताश मानस हमें नहीं दिखाई देता। कम से कम इस्लामी आक्रमण से उपजी प्रतिक्रिया की अभिव्यक्ति तो वे हैं ही नहीं।

वस्तुतः इसी भूमि से आचार्य द्विवेदी जी ने बड़े आत्मविश्वास के साथ कहा है कि 'अगर इस्लाम न भी आया होता तो भी इस साहित्य का बारह आना वैसा ही होता जैसा कि आज है।' (हिन्दी साहित्य की भूमिका, 8) आगे उन्होंने अपनी स्थापना को यह कहकर दोहराया है कि 'भारतीय पाण्डित्य ईसा की एक सहस्राब्दी बाद आचार-विचार और भाषा के क्षेत्रों में स्वभावतः लोक की ओर झुक गया था। यदि अगली शताब्दियों में भारतीय इतिहास की अत्यधिक महत्वपूर्ण घटना अर्थात् इस्लाम का प्रमुख विस्तार न भी घटी होती, तो भी वह इसी रास्ते जाता। उसके भीतर की शक्ति उसे इसी स्वाभाविक विकास की ओर ठेले लिये जा रही थी। उसका वक्तव्य विषय कथापि विदेशी न था।' (वही 14-15)

कुछ विद्वानों ने आचार्य द्विवेदी के उपर्युक्त अभिमत के इस अंश को रेखांकित करते हुए कि इस्लाम न भी आया होता तो इस साहित्य का बाहर आना वैसा ही होता जैसा कि आज है, यह सिद्ध करने की कोशिश की है कि चूँकि शेष चार आने के बारे में आचार्य जी ने कुछ भी नहीं कहा है, अतएव वह प्रकारान्तर से आचार्य जी द्वारा भक्ति-आन्दोलन में इस्लामी अतिवाद के विरुद्ध उपजी हताश प्रतिक्रिया की स्वीकृति है, भले ही वह स्वीकार मात्र चार आने तक ही सीमित हो। हमने इस बारे में आचार्य जी की विचारधारा को स्पष्ट कर दिया है, फिर भी कुछ बातें इस प्रसंग में और भी ज़रूरी हैं।

आचार्य द्विवेदी इतिहास तथा संस्कृति के गहरे अध्येता हैं, इस तथ्य से कदाचित् ही किसी को मतभेद हो। इतिहास तथा संस्कृति के अध्ययन के लिए वस्तुनिष्ठ और पौनी इतिहास दृष्टि की अपेक्षा होती है। सही इतिहास दृष्टि के

अभाव में सामाजिक जीवन की घटनाओं पर रायजनी नहीं की जा सकती। इस प्रकार की इतिहास दृष्टि से लैस विचारक, उसके आलोक में ही तथ्यों की छानबीन करते हुए इतिहास के मूल में निहित जीवन्त शक्तियों को पहचानते हैं और इसी आधार पर वे इतिहास सम्बन्धी निर्णय दिया करते हैं। इतिहासकार ज्योतिषी नहीं हुआ करता (गोकि आचार्य द्विवेदी ज्योतिषी के भी आचार्य हैं), जो अनुमान के आधार पर भविष्य टिप्पणी करें। वह भविष्य पर टिप्पणी करता है परन्तु इतिहास का निर्माण करने वाली, उसका नियमन करने वाली और उसका संचालन करने वाली घटनाओं का साक्ष्य लेकर।

इस्लाम के आगमन उसके प्रभाव तथा उसकी प्रतिष्ठा के फलस्वरूप भारतीय जीवन में घटित होने वाले अथवा घटित हो सकने वाले परिवर्तनों पर आचार्य द्विवेदी के अभिमत को इसी सन्दर्भ में ग्रहण करना चाहिए। बहुत साफ तरीके से उन्होंने यह बात स्पष्ट कर दी है कि जिस लोकधर्म या लोकमत की प्रेरणा तत्कालीन हिन्दी साहित्य का निर्माण कर रही थी, उस प्रेरणा का इस्लाम या किसी विदेशी धर्ममत से कोई लेना-देना नहीं है। वह चूँकि देश की अपनी मिट्टी से फूटी थी, देश के अपने जनमत द्वारा संचालित प्रेरणा थी, अतएव उसका अपने स्वाभाविक प्रतिफल तक पहुँचना अवश्यम्भावी था। चार आने वाली बात यदि है भी तो केवल इसलिए कि एक इतिहास के नाते आचार्य जी इस तथ्य को स्वीकार करते हैं कि एक जीवित जाति और एक जीवित संस्कृति का सम्पर्क जब दूसरी वैसी ही जाति तथा संस्कृति से होता है तो दोनों में आदान-प्रदान तथा दोनों का एक-दूसरे से कमोबेश प्रभावित होना तथा प्रभावित करना स्वाभाविक है। जिसे हिन्दू संस्कृति कहा जाता है वह, जिसे उस समय हिन्दू धर्ममत के नाम से जाना जाता था वह, अपने तत्त्ववाद के स्तर पर भले ही समाज के ऊपरी स्तर तक सीमित और भीतर में सम्भावना शून्य हो गया हो, समाज के निचले स्तरों या कि लोक जीवन में, भारत की ही मिट्टी से जन्मे दूसरे धर्मों के लोक स्वरूप से घुल मिलकर वह जीवन्त प्रेरणाओं से परिचालित हो उठा था। इस्लाम के आने पर इस्लाम की मजहबी मनोवृत्ति से उसका उतना टकराव नहीं हुआ जितना इस्लाम की यह मजहबी मनोवृत्ति उसके रूढ़ स्वरूप से टकराई, फलतः जहाँ रूढ़ हिन्दू धर्ममत के समक्ष अस्तित्व की समस्या उठ खड़ी हुई, वहाँ उसका लोक की ओर बढ़ता प्रवाह विचलित नहीं हुआ और समाज के निचले धरातल पर उदार हिन्दू और मुसलमान दोनों के बीच न केवल आदान-प्रदान हुआ, भक्ति की लोक सामान्य भूमि पर वे कन्धे से कन्धा मिलाए आगे भी बढ़ने लगे।

आचार्य द्विवेदी जी ने इस्लाम के आगमन और उसके फलस्वरूप भारतीय साहित्य तथा संस्कृति के क्षेत्र में उभरने वाले नये प्रस्थान बिन्दुओं को नजरअन्दाज नहीं किया है। इन्हें उनकी कबीर पर लिखी गयी किताब में देखा जा सकता है।

उनका कहना मात्र इतना ही है कि यदि इस्लाम न भी आया होता तो लोक चेतना की ओर उन्मुख हो चुकने वाले सामान्य धार्मिक तथा सांस्कृतिक प्रवाह की गति पर कोई फर्क नहीं पड़ता। उसका वही रूप सामने आता जो इस्लाम के आगमन के बावजूद आया है। इतिहास की जीवन्त शक्तियाँ उसे इसी रूप की ओर संचालित कर रही थीं। अतएव आचार्य द्विवेदी की मूल स्थापना में इससे अधिक पड़ने की जरूरत नहीं है। यदि शंका उठाई जाये तो बारह आने वाली बात पर उठाई जानी चाहिए किन्तु इसके लिए आचार्य जी द्वारा प्रस्तुत उन तर्कों को काटना पड़ेगा जो बड़ी कठिन साधना के बाद सामने आये हैं और जिन्हें एकाएक काट देना सरल नहीं है। जहाँ तक आचार्य शुक्ल की मान्यता का सवाल है, हैरानी इस बात पर होती है कि इतिहास, लोक जीवन, साहित्य तथा संस्कृति का उन जैसी मेधा वाला विद्वान लोक की ही सम्पदा की अनदेखी कैसे कर गया?

अब हम एक अन्य महत्त्वपूर्ण सवाल उठाना चाहेंगे और वह यह कि देश के विभिन्न धर्ममतों, और साधना पद्धतियों के बीच सदियों से चले आ रहे आदान-प्रदान के फलस्वरूप भक्ति की जो लोक सामान्य आकृति निर्मित हुई, भक्ति की इस मन्द-मन्द चली आ रही धारा को यदि इस्लाम के आगमन अथवा उसके मजहबी आवेश से जन्मी प्रतिक्रिया ने नहीं उभारा तो फिर वह कौन सा जीवित संस्पर्श था जिसने उसे उद्यम वेग वाले एक उच्छल नद का रूप प्रदान करते हुए समूचे उत्तर भारत में, एक छोर से दूसरे छोर तक फैल जाने को प्रेरित किया। यह भक्ति क्यों सामान्य जन के बीच लोकप्रिय होते हुए एक विराट जन-आन्दोलन के रूप में सक्रिय हो उठी और चार शताब्दियों तक भारतीय जन-मन की आध्यात्मिक तृषा शान्त करती रही?

कहना न होगा कि लोक सामान्य भावभूमि पर उपजी भक्ति की महती प्रेरणा का ही परिणाम था कि देश इस्लाम जैसी जीवन्त धार्मिक चेतना की चुनौती झेल सका। यही नहीं, इस भक्ति के बिखरते हुए समाज और अवांछित साधनाओं की ओर गुमराह होती हुई सामान्य जन की आध्यात्मिक आकांक्षाओं को आस्था का एक जीवन्त टिकाऊ आधार प्रदान किया। समाज के समक्ष नये और उदात्त लक्ष्य प्रस्तुत किये और उसके दीन-दुर्बल कोटि-कोटि जनों को आत्मसम्मान के साथ अपनी खुद की जमीन पर खड़े रह सकने का साहस प्रदान किया। आचार्य द्विवेदी ने लिखा है, 'लोक सामान्य भक्ति की मन्द प्रवाहित धारा को जन-जन के बीच में फैल जाने के लिए प्रेरित करने वाला यह जीवित संस्पर्श या क्रान्तिकारी सामाजिक चेतना तथा अद्भुत मेधा वाले महान आचार्यों का उसे शास्त्रसम्मत व्याख्याएँ देते हुए शास्त्रों की जमीन से जोड़ देना।'

शास्त्र की गरिमा से इस भक्ति को पुष्ट कर इन आचार्यों ने सामान्य जन के मन में इस विश्वास को जमा दिया कि अब उन्हें अपनी आध्यात्मिक तृषा को

शान्त करने के लिए अपनी जमीन से निर्वासित होने की जरूरत नहीं है, उस पर दृढ़ता के साथ खड़े रहकर भी वे आकांक्षित ऊँचाइयों तक जा सकते हैं। सचमुच तत्कालीन परिस्थितियों में इस विश्वास को जगा देना एक बड़ी बात थी, यह बात सम्भव हो सकी, और सम्भव हो सका भारत की मिट्टी में जन्म लेने वाला वह भक्ति-आन्दोलन जिसकी चर्चा हम यहाँ कर रहे हैं। यह और बात है कि आचार्यों की इस व्यवस्था को कालान्तर में समाज के प्रभु वर्गों ने अपने हित में भुनाया किन्तु सत्य वही है जिसकी ओर आचार्य द्विवेदी जी ने इशारा किया है। यही वह समय था जब दक्षिण से आती हुई भक्ति की पयस्विनी का उत्तर भारत की लोक भक्ति की धारा से संगम हुआ। इस नये प्रवर्तन का सारा श्रेय जाता है रामानुजाचार्य, रामानन्द तथा वल्लभाचार्य जैसे क्रान्तदुष्टा आचार्यों को। इन आचार्यों ने, विशेषतः रामानन्द और वल्लभाचार्य ने, दक्षिण की भक्ति को उत्तर से जोड़ा, तदनन्तर जो निर्गुण और सगुण रूप में एक समान गंतव्य की ओर भिन्न-भिन्न मार्गों से प्रभावित हुई। रामानन्द ने रामनाम का जो बीज मन्त्र कबीर को दिया वही तुम तुलसी को। कबीर ने उसे निर्गुण की शक्ल में स्वीकारा जबकि तुलसी के यहाँ वह सगुण भक्ति के रूप में पहचाना गया। वल्लभाचार्य ने उत्तर में कृष्णभक्ति की बेल रोपी जो दक्षिण और पूर्व में विकसित और पल्लवित होने वाली वैष्णव भक्ति के संसर्ग में अद्भुत प्रेमरूपा होकर लहलहा उठी।

बड़े विस्तार और बड़े साफ तरीके से इतिहास तथा संस्कृति का साहचर्य लेते हुए आचार्य द्विवेदी ने भक्ति-आन्दोलन की अन्तःप्रकृति तथा बाह्य गतिविधियों का विवेचन विश्लेषण किया है।

इससे पहले कि हम दक्षिण से आने वाली वैष्णव भक्ति के उत्तर की भक्ति चेतना पर पड़ने वाले गुणात्मक प्रभाव की चर्चा करें, उत्तर की धार्मिक, सांस्कृतिक और राजनीतिक स्थिति का एक संक्षिप्त जायजा ले लेना आवश्यक समझते हैं। रामानन्द और वल्लभाचार्य के युगान्तरकारी महत्त्व का अनुमान भी हम तभी लगा सकेंगे। यह सही है कि दक्षिण से भक्ति चेतना आने के पहले उत्तर में मौजूद सारी धर्म साधनाओं, धर्ममतों और उपासना पद्धतियों के बीच एक अन्तर्निहित आदान-प्रदान चल रहा था और वे सब क्रमशः एक व्यापक लोकधर्म की ओर उन्मुख हो रही थीं, फिर भी, इन धर्ममतों और साधना पद्धतियों का अपना अलग वजूद भी कायम था। देश के उत्तर में भागवत धर्म की लोकप्रियता सर्वोपरि थी। विष्णु के अवतारों पर जनता का विश्वास था। पश्चिमी भागों में सिद्धों और कापालिकों का जोर तथा पूर्वी भागों में नाथपंथियों तथा सहजयानियों के क्रियाकलाप तथा बानियाँ जन-मन को आकर्षित और प्रभावित किये थीं। इस्लाम के आगमन और विजेता के रूप में इस्लामी शासन और मजहब की प्रतिष्ठा तथा प्रसार के समय देश की धार्मिक-सांस्कृतिक स्थिति यही थी। सामाजिक जीवन एकदम

बिखरा नहीं तो अस्त व्यस्त जरूर था। सामान्य जन आस्था के किसी दृढ़ आधार को पाने के लिए आकुल थे। जैसा कि आचार्य द्विवेदी ने लिखा है :

> इस्लाम के आगमन ने भारतीय धर्ममत और समाज व्यवस्था को बुरी तरह झकझोर दिया। उसकी अपरिवर्तनीय समझी जाने वाली जाति व्यवस्था को पहली बार जबर्दस्त ठोकर लगी थी। सारा भारतीय वातावरण संक्षुब्ध था। ऐसा जान पड़ता है कि पहली बार भारतीय मनीषियों को एक संघबद्ध धर्माचार की जरूरत महसूस हुई। (कबीर, 180-81)

सारे देश में शास्त्रीय वचनों की छानबीन होने लगी। अन्ततः एक आचार प्रवण हिन्दू धर्ममत का रूप सामने आया जो सर्वसम्मत तो जरूर नहीं था किन्तु संकट के निवारण की दिशा में एक सुविचारित प्रयास जरूर माना जा सकता है।

परन्तु बात इससे भी बनी नहीं। इस धर्ममत की सबसे बड़ी कमजोरी उसकी आचार-प्रवणता ही साबित हुई। 'देश में पहली बार वर्णाश्रम व्यवस्था को एक अननुभूतपूर्व विकट परिस्थिति का सामना करना पड़ रहा था। अब तक वर्णाश्रम व्यवस्था का कोई प्रतिद्वन्द्वी सामने नहीं था। आचार भ्रष्ट व्यक्ति समाज से अलग कर दिये जाते थे और वे एक नयी जाति की रचना कर लेते थे। इस प्रकार सैकड़ों जातियाँ और उपजातियाँ भ्रष्ट होते रहने पर भी वर्णाश्रम व्यवस्था एक प्रकार से चलती आ रही थी। अब सामने एक जबर्दस्त प्रतिद्वन्द्वी समाज था जो प्रत्येक व्यक्ति और प्रत्येक जाति को अंगीकार करने के लिए बद्ध परिकर था। उसकी एकमात्र शर्त यह थी कि वह उसके विशेष प्रकार के धर्ममत को स्वीकार कर ले। समाज से दण्ड पाने वाला व्यक्ति अब असहाय नहीं था।' इच्छा करते ही वह एक समाज का सहारा पा सकता था। (वही, 183)

यह तो हुई आचारभ्रष्ट जातियों की बात और उसकी समस्या तथा उनका विकल्प; जो जातियाँ आचारभ्रष्ट न थीं और आचारप्रवण हिन्दू धर्ममत के भीतर थीं, किन्तु सामाजिक स्तर पर हीन और दलित थीं, संकट उनके सामने भी था। तत्कालीन कोई भी धर्ममत, वह भागवत धर्म हो, उदार हृदय प्रेमी मुसलमान जनों का सूफी धर्ममत हो, वह आचारप्रवण हिन्दू धर्ममत के ब्राह्याचारों तथा धार्मिक विश्वासों की खिल्ली उड़ाने वाली नाथपंथी साधकों की तीखी वाणी हो अथवा निर्गुणियों की निर्गुण परम तत्त्व की साधना, समाज में आत्मसम्मानपूर्वक जी सकने की तथा अपनी आध्यात्मिक धार्मिक तृषा को शान्त कर सकने की आकांक्षा को लेकर किसी प्रकार जीवनयापन करने वाले हिन्दू-अहिन्दू, मुसलमान-अमुसलमान सामान्य जन को कोई उनके सामाजिक-आध्यात्मिक संकट से उबारने का सटीक रास्ता नहीं सुझा सका था। ऐसे ही समय में दक्षिण से वेगवती वैष्णव भक्ति का आनयन हुआ और यह भक्ति एक विराट जन समाज का साहचर्य पाकर एक आन्दोलन बन गयी। सब चमत्कृत हुए, देशी पण्डित भी, और विदेशी पण्डित भी।

सगुण और निर्गुण भक्ति के रूप में भक्ति की इस स्रोतस्विनी की जो शाखाएँ फूटीं, उनमें बाहरी भेद जो हो, तत्वतः कोई भेद नहीं था। कम से कम ये बातें दोनों में ही मान्य हुईं :

1. प्रेम ही पुरुषार्थ है, मोक्ष नहीं।
2. भगवान के प्रति प्रेम कौलीन्य से भी बड़ी चीज है।
3. भक्त भगवान से भी बड़ा है।
4. भक्ति के बिना शास्त्रज्ञान और पाण्डित्य व्यर्थ है।
5. नाम रूप से बढ़कर है।

(सूर साहित्य, 84)

सामान्य जन को और चाहिए भी क्या था? वह भक्ति की इस प्रशस्त धारा में अवगाहन कर धन्य हो गया। जो बात निर्गुण राम के उपासक और ऊपर से निपट रूखे और कटु कबीर को दक्षिण की भक्ति चेतना से जोड़ती है, उन्हें सूर और तुलसी की विह्वल अभिव्यक्तियों से एक करती है, और इस प्रकार कबीर की असलियत से, उनके वास्तविक चरित्र से हमें परिचित कराती है, वह प्रेम का यही अमृत फल है जिसे रामानन्द और वल्लभाचार्य दक्षिण से लाये और जिसे चखकर कबीर ही नहीं, तुलसी, सूर, जायसी सब धन्य हो गये। जिनकी अमृत वाणी ने देश के कोटि-कोटि जनों की जन्म-जन्मातर की पीड़ा, कचोट और कसक को आनन्द और उत्साह में बदल दिया, उसे एक नया जीवन दे दिया।

आचार्य द्विवेदी का यह कहना नितान्त संगत है कि शास्त्रों का सहारा पाकर, पौराणिक धर्म-विश्वासों से जुड़कर भक्ति की धारा अजस्र वेगवती हो उठी और चार शताब्दियों तक निर्बाध बहती रही। दक्षिण में जन्मे भक्तिवाद की प्रगतिशील भूमिका और उससे सम्बद्ध आचार्यों के क्रान्तिकारी कर्तृत्व को रेखांकित करते हुए आचार्य द्विवेदी कहते हैं :

> रामानुजाचार्य ने, जो दक्षिण में आलवारों की परम्परा में जन्मे थे, विष्णु की भक्ति का आश्रय लेकर नीच जाति को ऊँचा किया और देशी भाषा में रचित 'शठकोपाचार' के तिवेल्लुअर प्रभृति भक्तिशास्त्र को वैष्णवों का वेद कहकर समादृत किया। (हिन्दी साहित्य की भूमिका, 45)

शूद्रों और अन्त्यजों को ही नहीं, उन्होंने मुसलमानों को भी अपनी शिष्य-परम्परा में स्वीकार किया। आलवारों का यह भक्तिवाद भी दस्तुतः जन साधारण की चीज था जो शास्त्रों का सहारा पाकर सारे भारत में फैल गया। (वही, 46) रामानन्द के बारे में आचार्य द्विवेदी ने आचार्य क्षितिमोहन सेन को उद्धृत किया है :

> रामानन्द ने देखा कि भगवान का शरणागत होकर जो भक्ति के पथ में आ गया उसके लिए वर्णाश्रम का बन्धन व्यर्थ है। यदि ऋषियों के नाम पर परिवार और गोत्र बन सकते हैं तो ऋषियों के भी पूजित परमेश्वर के नाम पर

सब का परिचय क्यों नहीं दिया जा सकता? इस प्रकार सभी भाई-भाई हैं, सभी एक जाति के हैं। श्रेष्ठता भक्ति से होती है, जाति से नहीं। (वही, 47)

इस बात को लेकर आचार्य द्विवेदी की आगे टिप्पणी है :

रामानन्द संस्कृत के पण्डित, उच्च ब्राह्मणकुलोत्पन्न, और एक प्रभावशाली सम्प्रदाय के भावी गुरु थे। पर उन्होंने सबको त्याग कर देश भाषा में कविता लिखी, ब्राह्मण से चाण्डाल तक को राम-नाम का उपदेश दिया। उनके हाथ से छूकर लोहा सोना हो गया। (वही, 48)

वल्लभाचार्य भी दाक्षिणात्य थे जिन्होंने प्रेमरूपा कृष्ण भक्ति को रागानुगा रूप देकर कृष्ण की लीलाओं के मधुर गान से भक्ति के क्षेत्र में दूसरे मार्गों से आ जाने वाली शुष्कता को दूर किया। इस कृष्ण भक्ति में भी सवर्ण-असवर्ण, हिन्दू-मुसलमान सब रमे और प्रेम के धरातल पर सब अभिन्न हुए। शास्त्रों में बँध जाने पर भी भक्ति की वह विराट स्रोतस्विनी जाति, धर्म, वर्ग और वर्ण के ढूहों को गिराते हुए अविकल-अबाध बहती रही। आचार्यों का आकांक्षित भी यही था। भक्ति और प्रेम के विह्वल गायक चैतन्य इसमें अवगाहे, और 'मनुष्य सत्य' की उद्घोषणा करने वाले चंडीदास भी इसमें नहाए। इन भक्तों के पास कोई बहुत बड़ी भौतिक पूँजी नहीं थी। किन्तु इनके पास अनन्त शक्ति, ऐश्वर्य और प्रेम के आगार लीलामय भगवान की भक्ति का सम्बल था। जब एक बार भगवान की शरण गहने पर नीच से नीच व्यक्ति अनायास भवसागर पार कर सकता था। इस युग के हिन्दू गृहस्थ के लिए यह एक बहुत बड़ी चीज़ थी। इसे बौद्ध और नाथ सिद्ध नहीं दे सके थे, टीका और निबन्धों के लेखक शास्त्रज्ञ विद्वान नहीं बता सके थे, और अलंकारों से लदी हुई कविता नहीं दिखा सकी थी। (हिन्दी साहित्य, 101-102)

इस भक्ति से स्पंदित होकर चौदहवीं शताब्दी के बाद का हिन्दी साहित्य एक सर्वथा नयी दिशा में, उदात्त लक्ष्यों के प्रति समर्पित होकर, नयी स्फूर्ति और उमंग के साथ गतिशील होता है, रोगमुक्त मनुष्य की भाँति। पुरानी परम्परा से वह नाता नहीं तोड़ता, 'किन्तु उसमें रूप और शोभा के प्रति रुग्ण आकर्षण का अभाव है। रूप और शोभा में वह दैवी ज्योति देख सकता है, और अपने पाठकों को ऊँचे धरातल पर बैठाकर तलदेश की गन्दगी दूर रख सकता है।' (वही, 102-103) जाहिर है कि इस साहित्य का सर्वांग देश की मिट्टी से ही बना है, छना है, निराशा और हताशा के स्वरों की अपेक्षा जिसमें गिरे हुए को आकाश की ऊँचाइयों तक उठ जाने की प्रेरणा है।

विशेष प्रपत्ति का जो रूप तुलसी जैसे भक्तों में दिखाई पड़ता है और जिसके आधार पर ही विदेशी पण्डित उनमें ईसाइयत की चेतना देखते हैं, वैसी ही प्रपत्ति भावना किस प्रकार दक्षिण के आलवारों में विद्यमान थी इसका एक उदाहरण निम्नलिखित है :

मैं दुखी हूँ, मैं चिन्तित हूँ, व्याकुल हूँ। सांसारिक मोहजाल में पड़कर मैंने कितने ही स्वर्ण दिन खो दिये हैं।...विजय की कामना कर, नश्वर पदार्थों की इच्छा कर, नारी के मोहजाल में पड़कर चंचल मन से कितने दिन मैंने नष्ट कर डाले। अब क्या करूँ? हे भगवान, मैं चोर हूँ, कपटाचरण करने वाला हूँ, मनमाने मार्ग पर चलने वाला हूँ, दिशाहीन हूँ, लक्ष्यहीन हूँ–अब आपकी दया की कामना करता हूँ। मैं आपकी शरण आया हूँ, मुझे स्वीकार करो। मेरा अपना कोई घर नहीं, कोई बन्धु नहीं, फिर भी हे करुणामूर्ति, इस पार्थिव जीवन में आपके चरणों की सुदृढ़ शरण मैंने ग्रहण की है। हे घनश्याम भगवान, अब तो मैं क्रन्दन करने वाला हूँ। है कोई मुझे अवलम्ब देने वाला?

हिन्दी अनुवाद डॉ. मलिक मुहम्मद का है। डॉ. प्रेमशंकर की मैकमिलन कम्पनी से प्रकाशित 'भक्तिकाव्य की भूमिका' पुस्तक से उद्धृत। (पृ. 95)

अध्याय तीन

कबिरा खड़ा बजार में

कबीर पर की जाने वाली हमारी वर्तमान चर्चा के केन्द्र में कबीर अपनी सांस्कृतिक विरासत के साथ हमारी चिन्ता से मुखातिब होते हैं। जिस सांस्कृतिक चेतना को हम उनकी रचनाओं में मूर्त होते हुए देखते हैं, वह संस्कृति, भारतीय संस्कृति की किसी घिसी-पिटी धारणा का तिरस्कार करती है और भारतीय संस्कृति की विद्रोही चेतना के रूप में हमें अपनी पहचान कराती है। इस भारतीय संस्कृति की अपनी छवि को लेकर एकमत्य नहीं है, अतएव इसके पहले कि हम कबीर को भारतीय संस्कृति की विद्रोही चेतना का प्रतिनिधि मानते हुए उनकी सोच और उस सोच से गुजरकर सामने आने वाले उनके कृतित्व पर ध्यान दें, उनके बारे में कोई चर्चा करें, हम इस मूलवर्ती सवाल से प्रारम्भ में ही निपट लेना चाहते हैं कि आखिर भारतीय संस्कृति है क्या?

जाहिर है कि यह एक ऐसा सवाल है जिसमें आँखें न मिला पाने या उसके सही जवाब को न पचा पाने का ही परिणाम हे कि आज शताब्दी के जिस बिन्दु पर हम खड़े हैं समस्याओं का एक विराट जाल हमें आबद्ध किये है, हमारा सामाजिक तथा सांस्कृतिक जीवन क्षतिग्रस्त हो रहा है तथा एक राष्ट्र के रूप में हमारे अपने अरितत्व पर भी प्रश्नचिह्न लगे हुए हैं। सवाल है कि जिसे हम भारतीय संस्कृति कहते हैं, क्या वह कोई जड़ या स्थिर वस्तु है, जिसका एक सनातन तथा शाश्वत रूप है अथवा वह एक गतिशील वास्तविकता है जिसके एक-एक चरण का और इन चरणों में होने वाले उसके रूपान्तरणों का एक लम्बा और जीवित इतिहास है। कहना न होगा कि इन सवालों से निपटे बिना और सच्चे दिल तथा सही दिमाग से उनका उत्तर पाये और स्वीकार किये बिना, भारत की सांस्कृतिक जीवन में कबीर जैसे घर फूँक तमाशा देखने वाले फक्कड़ सन्त के आविर्भाव की युगान्तरकारी घटना को उसके पूरे महत्त्व तथा अर्थ के साथ नहीं समझा जा सकता।

यह तथ्य इतिहास सिद्ध है कि भारत में आर्यों से पूर्व भी एक अत्यन्त

समुन्नत सभ्यता तथा संस्कृति विद्यमान थी, जिसके न केवल तमाम भग्नावशेष हमें प्राप्त होते हैं, परवर्ती संस्कृति पर जिसके गहरे निशान भी विद्यमान हैं। इस पूर्ववर्ती संस्कृति की ढूह पर ही भारत में वैदिक आर्य संस्कृति विकसित और पुष्ट होती है, अपने को जिससे जोड़ते हुए उसका उत्तराधिकारी कहने में हमें अतिशय गर्व तथा हर्ष का अनुभव होता है। इसके उपरान्त वैदिक संस्कृति के समानान्तर बौद्ध और जैन अपनी विचार सम्पदा को लेकर इस चली आ रही सांस्कृतिक पूँजी में इजाफा करते हैं। उनकी बात जाने भी दें, तो हर्षवर्धन के समय तक भारत में बाहर से न जाने कितनी जातियों का आगमन होता है जिनमें से कुछ विजेता बनकर शासक जातियों के रूप में हम पर शासन भी करती हैं। भारत में बाहर से आने वाली ये तमाम जातियाँ भारत में ही रहती और बसती हैं और कालान्तर में भारत के सामाजिक-सांस्कृतिक जीवन की धारा से इतना घुल-मिल जाती हैं कि उन्हें अलग से पहचानना तक मुश्किल हो जाता है। ऐसा नहीं है कि चले आते हुए सामाजिक-सांस्कृतिक प्रवाह ने इन्हें ही आत्मसात किया हो, इन्होंने भी अपने विशिष्ट आचार-विचारों का रंग क्रमागत सामाजिक तथा सांस्कृतिक प्रवाह पर छोड़ा और उसे एक नया रूप भी दिया है।

अतएव, हर्षवर्धन तक भारतीय संस्कृति का जो रूप सामने आया, सवाल उठता है कि उसे कौन-सा नाम दिया जाये? क्या उसे विशुद्ध वैदिक आर्य संस्कृति कहा जाये, अथवा बौद्ध या जैन संस्कृति कहकर पुकारा जाये, अथवा यह माना जाये कि वह अनेक प्रकार की आर्य और आर्येतर जातियों तथा वैदिक-अवैदिक मतों के समागम तथा सम्मिलित प्रयासों से बनी-छनी एक ऐसी संस्कृति है जो किसी जाति, धर्ममत या नस्ल-विशेष की चीज न रहकर उनकी समष्टि के प्रतिफल के रूप में जानी-समझी जा सकती है। हम इसे हिन्दू संस्कृति भी नहीं कह सकते क्योंकि जैसा आचार्य हजारी प्रसाद द्विवेदी का कहना है, मुसलमानों के आगमन से पहले हिन्दू शब्द भारत में रहने वालों के लिए एक सामान्य संज्ञा कभी नहीं रहा। वे कहते हैं :

> इस्लाम के आने के पहले इस विशाल जनसमूह का एक नाम तक नहीं था। अब उसका नाम हिन्दू पड़ा। हिन्दू अर्थात् भारतीय अर्थात् गैर-इस्लामी मत। स्पष्ट ही गैर-इस्लामी मत में कई तरह के मत थे—कुछ ब्रह्मवादी थे, कुछ कर्मकाण्डी थे, कुछ शैव थे, कुछ वैष्णव थे, कुछ शाक्त थे, कुछ स्मार्त थे, और भी न जाने क्या-क्या थे। (हजारी प्रसाद द्विवेदी, कबीर, 180-81)

इस्लामी धर्ममत से टक्कर लेने के हेतु शास्त्रों की छानबीन करते हुए एक ऐसे सर्वसम्मत मत को निकालने का प्रयास किया गया जिसके संरक्षण में गैर-इस्लामी मत के भारतीय खड़े हो सकें और अपने को सुरक्षित अनुभव कर सकें। गोकि यह प्रयास सर्ववाद सम्मत नहीं रहा फिर भी एक नये आचार प्रवण धर्म का रूप सामने

जरूर आया।

अतएव, इतिहास की रोशनी में इस तथ्य को मान लेने में हमें हिचक नहीं होनी चाहिए कि हर्षवर्धन के समय तक भारत के सामाजिक तथा सांस्कृतिक जीवन में अनेक प्रकार के लोगों और जातियों के बीच पारस्परिक आदान-प्रदान की एक जीवित क्रिया चलती रही और यद्यपि भारतीय सांस्कृतिक जीवन की प्रधान धारा के बाहर से आयी हुई अनेक जातियों, कबीलों, नस्लों और घुमक्कड़ खानाबदोशों के झुण्ड के झुण्ड अपने आचार-विचारों को लिए घुल-मिल गये, फिर भी उन्होंने चले आते हुए सांस्कृतिक प्रवाह को ज्यों-का-त्यों नहीं रहने दिया, उसे अपने रंग से भी रंगा। फलतः भारतीय सांस्कृतिक जीवन की एक ऐसी छवि उभरी जो यहाँ पर रहने वाली किसी एक खास जाति की देन न होकर सबके सम्मिलित प्रयासों का परिणाम थी। आचार्य द्विवेदी ने ठीक ही कहा है :

> जिसे हम हिन्दू रीति-नीति कहते हैं वह अनेक आर्य और आर्येतर उपादानों का मिश्रण है। हमारे सामने समाज का आज जो रूप है वह न जाने कितने ग्रहण और त्याग का रूप है। देश और जाति की विशुद्ध संस्कृति केवल बाद की बात है। सब में कुछ में मिलावट है, सब कुछ अविशुद्ध है। शुद्ध है, मनुष्य की दुर्दम जिजीविषा। वह गंगा की अबाधित-अनाहत धारा की भाँति सब कुछ को हजम करने के बाद भी पवित्र है। (अशोक के फूल)

हर्षवर्धन के उपरान्त भारत का इतिहास प्रारम्भ में आक्रमणकारी आक्रान्ताओं और लुटेरों के रूप में मुसलमानों के आक्रमणों और तदुपरान्त उनके विजेताओं के रूप में देश के शासनकर्ता बनने का इतिहास है। बाहरी आक्रमणों का सामना पहले भी देश ने कई बार किया था। किन्तु, जैसा कि हम कह चुके हैं, वे आक्रमणकारी जातियाँ मूलतः कबीलाई, खानाबदोश या आदिम जातियाँ थीं, जिनका न तो कोई दृढ़ सामाजिक संगठन था और ना ही कोई सुव्यवस्थित और संघटित धर्म तथा संस्कृति। अपनी प्रकृति में अत्यन्त लचीली तथा पर्याप्त समुन्नत और पुष्ट भारतीय संस्कृति तथा समाज व्यवस्था ने न केवल इन्हें आत्मसात किया, उनके देवी-देवताओं तथा आचार-विचारों को भी अपना बना लिया।

किन्तु इस बार के आक्रमणकारी दूसरी ही धातु के बने हुए थे। वे दूसरे ही हवा-पानी में पले हुए थे। वे केवल भारत की भौगोलिक विजय अथवा भारत की अपार सम्पत्ति लूटने के इरादे से ही घर से न निकले थे, उनका लक्ष्य भारत में मुसलमानी मजहब तथा एक ऐसे इस्लामी राज्य की स्थापना करना था जैसा कि और मुस्लिम देशों में था। आबिद हुसैन ने ठीक ही लिखा है :

> अगर यूनानियों की तरह, जो दूसरी शती ईस्वी में बख्तर से आये थे, अपने और अपनी संस्कृति के उद्गम स्थान से बहुत अरसे तक उनका नाता टूटा रहता अथवा अगर उनकी संस्कृति सीरियल और हूणों की तरह आदिम होती,

तो वे हिन्दू समाज में घुल-मिलकर एकात्म हो जाते। लेकिन पहले तो वे एक समुन्नत अन्तर्राष्ट्रीय संस्कृति के प्रतिनिधि थे, दूसरे वे भारत से बाहर उन संस्कृति के केन्द्रों से, इनमें इस्लामी जगत का राजनीतिक केन्द्र बगदाद भी शामिल था, जिसका महत्त्व आज नाम मात्र को रह गया है, बराबर सम्पर्क बनाए रहे। इन कारणों से उन्हें पूरी तरह भारतीय होने में काफी समय लगा। (आबिद हुसैन, राष्ट्रीय संस्कृति, 44)

और भी कुछ महत्त्वपूर्ण कारण थे जिन्होंने मुसलमानों और उसके मजहब की पटरी भारतीय धर्म मतों से न बैठने दी। इस्लामी धर्ममत और इस्लामी संस्कृति को आत्मसात करना तो दूर की बात, भारतीय मनीषियों के समक्ष तात्कालिक सवाल तो इस बात का खड़ा हो गया कि मुसलमानों की उद्दीप्त धर्म भावना, दृढ़तर तथा सुव्यवस्थित सामाजिक संगठन एवं मानव जाति की समानता के उदार इसलामी आशय से किस प्रकार अपने धर्म मत, अपने आचार-विचारों, अपनी समाज व्यवस्था तथा अपनी रीति-नीति की रक्षा करे। अविजेय और अपरिवर्तनीय समझी जाने वाली भारतीय जाति व्यवस्था को पहली बार जबर्दस्त ठोकर लगी थी। भारतीय जनमानस ही नहीं, समूचा भारतीय वातावरण पहली बार बुरी तरह विक्षुब्ध हो उठा था। इस्लाम कृपाण के बल पर भी, और समानता के अपने उदार आश्वासन के बल पर भी, गुहार-गुहार कर उन आचार भ्रष्ट तथा आश्रम भ्रष्ट जातियों को, जो न तो हिन्दू थीं न मुसलमान, अपने संरक्षण में बुला रहा था :

अब तक वर्णाश्रम व्यवस्था का कोई प्रतिद्वन्द्वी नहीं था। आचार भ्रष्ट व्यक्ति समाज से अलग कर दिये जाते थे और वे एक नयी जाति की रचना कर लेते थे। इस प्रकार सैकड़ों जातियाँ और उपजातियाँ भ्रष्ट होते रहने पर भी वर्णाश्रम व्यवस्था एक प्रकार से चलती ही जा रही थी। अब सामने एक प्रतिद्वन्द्वी समाज था, जो प्रत्येक व्यक्ति और प्रत्येक जाति को अंगीकार करने के लिए बद्ध परिकर था। उसकी एकमात्र शर्त यह थी कि वह उसके विशेष प्रकार के धर्म मत को स्वीकार कर ले। समाज से दण्ड पाने वाला बहिष्कृत व्यक्ति अब असहाय नहीं था। इच्छा करते ही वह एक सुसंघटित समाज का सहारा पा सकता था। (हजारी प्रसाद द्विवेदी, 183)

आचार तथा आश्रम भ्रष्ट जातियों के अतिरिक्त अन्त्यन्ज कही जाने वाली जातियाँ भी थीं जो यद्यपि भारतीय आचार तथा आश्रम व्यवस्था का अंग थीं, किन्तु अन्त्यज होने के नाते जिनकी सामाजिक स्थिति तथा मर्यादा हीन से हीनतर तथा विषम से विषमतर होती जा रही थी। इस्लाम द्वारा दिया गया समानता का आश्वासन उन्हें भी अपनी ओर खींच रहा था।

जिस समय भारत के राजनीतिक ही नहीं, सामाजिक तथा सांस्कृतिक क्षितिज पर भी, चुनौतियों के काले स्याह बादल मँडरा रहे थे, सारा देश उद्वेलित था, आगे

की राह ढूँढने को व्याकुल था, एक अन्य युगान्तरकारी घटना घटित हुई जिसने देश के कोटि-कोटि संतप्त जनों को आगे की राह दिखा दी। यह युगान्तरकारी घटना थी, उत्तर भारत में भक्ति-आन्दोलन का उदय। ग्रियर्सन ने लिखा है, बिजली की चमक के समान अचानक इस समस्त अन्धकार के ऊपर एक नयी बात दिखाई दी। यह भक्ति का आन्दोलन था।

हमारा इरादा यहाँ भक्ति-आन्दोलन के समूचे इतिहास को प्रस्तुत करना नहीं है। भक्ति के इस आन्दोलन के बारे में एक अलग अध्याय में काफी कुछ कह चुके हैं। यहाँ हम मात्र इस तथ्य को ही रेखांकित करना चाहते हैं कि एक ऐसे समय में जबकि समूचा उत्तर भारत एक ओर इस्लाम और इस्लामी शासकों के मजहबी आवेश से, और दूसरी ओर शास्त्र और वेदसम्मत आचारों की कड़ी जकड़बन्दी के फलस्वरूप असहनीय प्रकार की घुटन अनुभव कर रहा था, देश के कोटि-कोटि सामान्य जन इस्लामी प्रभाव के फलस्वरूप रूढ़ से रूढ़तर होते हुए भारतीय धर्म मतों एवं प्रखर से प्रखरतर होती हुई इस्लाम की उद्दीप्त धर्म भावना से त्रस्त, आतंकित और पीड़ित थे, सच्ची धर्म भावना के ह्रास के फलस्वरूप चमत्कारी साधुओं, सिद्धों और वामाचारियों के द्वारा उन्हें गुमराह किया जा रहा था, सामान्य हिन्दू और मुसलमान जन एक-दूसरे के निकट आने और एक-दूसरे को पहचानने को समुत्सुक थे, दक्षिण से आने वाली भक्ति-आन्दोलन की धारा ने दीर्घकाल से तप्त उनके मन प्राणों को जैसे भीतर तक सींच दिया। सांस्कृतिक तथा सामाजिक जीवन के अवरुद्ध प्रवाह को भक्ति-आन्दोलन की वेगवती धारा ने धक्का देकर गतिशील कर दिया। जो समाज टूटने और बिखर जाने के लिए जैसे कगार पर खड़ा था, वह एक नयी शक्ति पा गया।

उत्तर में आने वाली भक्ति-आन्दोलन की यह धारा कोई आकस्मिक घटना नहीं थी। शताब्दियों पहले दक्षिण में सर्वप्रथम आलवारों और आडवारों ने चले आते हुए शास्त्रसम्मत विधि-विधानों को तोड़ते हुए शिव और विष्णु भक्ति का रास्ता सबके सामने सुलभ किया। बाद को रामानुज और उनकी शिष्य परम्परा के रामानन्द ने एक कदम और आगे बढ़कर परम्परागत वैष्णव धर्म की व्यवस्था पर चोट करते हुए भगवतभक्ति का अधिकारी न केवल शूद्रों और चाण्डालों को माना, वरन् मुसलमानों को भी अपनी शिष्य परम्परा में स्वीकार करते हुए एक सामान्य मानव धर्म के लिए रास्ता साफ कर दिया। रामानन्द इस सहज मानव धर्म को उत्तर भारत तक लाये और उत्तर भारत को ही उन्होंने अपना कार्यक्षेत्र भी बनाया। कहाँ तो रास्ता ही नजर नहीं आ रहा था, और कहाँ रास्ते ही रास्ते खुल पड़े। फिर क्या था? 'जाति पांति पूछे नहिं कोई हरि को भेजे सो हरि का होई' शूद्रों, अन्त्यजों और मुसलमानों के बीच से, रूढ़ियों के सड़े-गले जम्बाल जाल को काटते हुए, भक्ति के सहज निर्मल प्रवाह से अवगाहन करती हुई और उपेक्षितों, पीड़ितों तथा

पद दलितों की जनम-जनम की आकांक्षा को फलवती करती हुई सन्तों की, अन्त्यज, शूद्र और मुसलमान सन्तों की, ऐसी पंक्ति की पंक्ति सामने आयी, अब तक के सांस्कृतिक जीवन के इतिहास में जिसकी मिसाल नहीं है।

यह भक्ति-आन्दोलन, सच पूछा जाये, तो अपने समय की राजनीतिक, धार्मिक, और सामाजिक परिस्थितियों की अनिवार्य देन था। वह युग जीवन की ऐतिहासिक माँग बनकर सामने आया था। इस तथ्य का अनुमान महज इस बात से लगाया जा सकता है कि इससे न केवल अपने समय की राजनीतिक, धार्मिक, सामाजिक तथा सांस्कृतिक जड़ता को तोड़ा, चली आती हुई सांस्कृतिक जीवन की धारा के साथ विजेताओं की नयी संस्कृति को घुलाते-मिलाते हुए पहली बार जाति, धर्म, वर्ग, वर्ण आदि से निरपेक्ष एक मानव धर्म तथा एक मानव संस्कृति की परिकल्पना सामने रखी। इसने शताब्दियों से कुण्ठित और अपमानित देश के करोड़ों-करोड़ साधारण जनों के लिए उनकी सामाजिक मुक्ति तथा आध्यात्मिक परितृप्ति के द्वार भी उन्मुक्त कर दिये, समाज तथा धर्म के ठेकेदारों ने जिन्हें उनके लिए कब का बन्द कर रखा था। इस आधार पर यदि यह कहा जाये कि एक स्तर पर यह भक्ति-आन्दोलन रूढ़िग्रस्त धर्म तथा उसके द्वारा अभिशप्त एक अनैतिक और अमानवीय समाज व्यवस्था के प्रति सामान्य जन के सात्विक रोष तथा उसकी दुर्दम जिजीविषा की भावात्मक अभिव्यक्ति था, तो कोई अतिशयोक्ति न होगी। निम्नवर्गीय साधारण जन की व्यथा से उद्भूत इस भक्ति-आन्दोलन पर टिप्पणी करते हुए गजानन माधव मुक्तिबोध कहते हैं :

> भक्ति-आन्दोलन का जनसाधारण पर जितना व्यापक प्रभाव हुआ उतना किसी अन्य आन्दोलन का नहीं। पहली बार शूद्रों ने अपने सन्त पैदा किये। अपना साहित्य और अपने गीत सृजित किये। कबीर, रैदास, नाभा, सिंपी, सेना नाई आदि महापुरुषों ने ईश्वर के नाम पर जातिवाद के विरुद्ध आवाज बुलन्द की। समाज के न्यस्त स्वार्थवादी वर्ग के विरुद्ध नया विचारवाद अवश्यंभावी था। वह हुआ। तकलीफ हुई, लेकिन एक बात हो गयी। (नयी कविता का आत्मसंघर्ष तथा अन्य निबन्ध, 88)

भक्ति-आन्दोलन के ज्वार में न केवल उच्च वर्गों का अहंकार, वर्ण-दम्भ तथा समाज, धर्म और नीतिसम्बन्धी उनकी जर्जर मान्यताएँ तिनके के समान ऊब-डूब करती दिखाई दीं, सामान्य जन को वह आत्मविश्वास भी प्राप्त हुआ, जिसके सहारे वह सम्मानपूर्ण जिन्दगी बिताते हुए अपने धार्मिक तथा आध्यात्मिक मानस को सन्तोष दे सके।

इतिहास के देशी-विदेशी समस्त विद्वानों ने इस भक्ति–आन्दोलन के ऐतिहासिक तथा सांस्कृतिक प्रदेय को युगान्तरकारी माना है। बहुतों ने इसे सांस्कृतिक नव-जागरण की संज्ञा दी है और इस नव-जागरण के नेता रामानन्द को एक

क्रान्तद्रष्टा, युगप्रवर्तक व्यक्ति घोषित किया है। रामानन्द निस्सन्देह उत्तर भारत के सांस्कृतिक नव-जागरण के अग्रदूत थे। गौतम बुद्ध के बाद कदाचित् ही किसी धार्मिक तथा सांस्कृतिक नेता को अनुयायियों की इतनी विशाल संख्या के नेतृत्व और मार्ग-दर्शन का गौरव मिला हो। देश के बिखरते तथा विषैले होते हुए सांस्कृतिक तथा सामाजिक जीवन को उन्होंने संजीवनी प्रदान की। जाति-पांति वर्ग और वर्ण की दीवालें ढहाते हुए उन्होंने भक्ति का पथ सबके लिए सुगम कर दिया और इस प्रकार समाज तथा संस्कृति की मृत होती हुई बौद्धिक तथा भावात्मक चेतना को नया जीवन प्रदान किया। सवर्ण, असवर्ण, शूद्र, चाण्डाल और मुसलमान, उन्होंने सब को गले लगाया और राम-नाम का मन्त्र देते हुए सबको समान निष्ठा तथा समान लक्ष्य को एक सूत्र में बाँध दिया।

राम-नाम के उनके मन्त्र ने सगुण और निर्गुण दोनों प्रकार की भक्ति के लिए पथ प्रशस्त किया। उनकी शिष्य परम्परा में कबीर भी रहे और तुलसी भी। सगुण और निर्गुण की जिस लहर ने रामानन्द में अपना स्रोत प्राप्त किया, वह उत्तर भारत में ही नहीं, पूर्व और पश्चिम में भी शतधा धाराओं में प्रवाहित हुई। इन सारे तथ्यों के सन्दर्भ में यदि भक्ति-आन्दोलन के युगान्तरकारी महत्त्व का आख्यान किया गया है, तो यह स्वाभाविक ही है। वह एक ऐसी प्राणशक्ति के रूप में उभरा था जिसने समूचे देश को जैसे फिर से अपने पैरों पर खड़ा कर दिया। एक नये सांस्कृतिक प्रयाण का जो रास्ता उसने खोला, और अधिक स्पष्ट कहें, तो वर्ग, वर्ण और धर्मनिरपेक्ष जिस एक मानव संस्कृति की सम्भावनाओं की ओर उसने इशारा किया, उन बातों के सन्दर्भ में हमें उस बुनियादी सवाल का जवाब मिल जाना चाहिए जिसे हमने प्रारम्भ में उठाया था। वह जवाब और कुछ नहीं, यही है कि भारतीय संस्कृति सदैव एक गतिशील वास्तविकता की परिचायक रही है। सदैव नये-नये रूपों में वह सामने आती रही है, और नयी प्रेरणाओं में मण्डित होकर भारतीय जीवन और जनमानस को नयी शक्ति देती रही है।

हम अभी ऊपर कह चुके हैं कि रामानन्द ने राम-नाम का जो बीज मन्त्र अपने शिष्यों को दिया, वह दो आयामों पर प्रस्फुटित हुआ। कबीर के बारे में लिखते हुए आचार्य द्विवेदी इस बात का स्पष्ट संकेत देते हैं कि :

> पौराणिक अवतारों को केन्द्र करके सगुण उपासना के रूप में, और निर्गुण परब्रह्म, जो योगियों का ध्येय था, उसे केन्द्र करके निर्गुण प्रेम भक्ति की साधना के रूप में। पहली साधना ने हिन्दू जाति की बाह्याचार की शुष्कता को आन्तरिक प्रेम से सींचकर रसमय बनाया और दूसरी साधना ने बाह्याचार की शुष्कता को ही दूर करने का प्रयत्न किया। एक ने समझौते का रास्ता लिया दूसरी ने विद्रोह का। एक ने शास्त्र का सहारा लिया दूसरी ने अनुभव का। एक ने श्रद्धा को पथ प्रदर्शक माना दूसरी ने ज्ञान को। एक ने सगुण

भगवान को अपनाया दूसरी ने निर्गुण भगवान को। पर प्रेम दोनों का ही मार्ग था। सूखा ज्ञान दोनों को ही अप्रिय था। केवल ब्राह्याचार दोनों को ही सम्मत नहीं थे। आन्तरिक प्रेम निवेदन दोनों का ही अभीष्ट था। अहेतुक भक्ति दोनों को ही काम्य थी। बिना शर्त भगवान के समक्ष आत्मसमर्पण दोनों को ही प्रिय साथ थे। (हजारी प्रसाद द्विवेदी, कबीर, 183)

समझौते का रास्ता छोड़कर विद्रोह का रास्ता अपनाते हुए निर्गुण भक्ति की जो धारा भक्ति-आन्दोलन की स्रोतस्विनी से फूटी, कबीर उसकी सबसे ऊँची लहर के साथ सामने आये। समझौता उनकी प्रकृति में नहीं था। विद्रोह और क्रान्ति की ज्वाला उनकी रग-रग में व्याप्त थी। सिर पर कफन बाँधकर, अपना घर फूँककर वे अलख जगाने निकले थे। उन्हें समझौतापरस्तों की नहीं, अपना घर फूँककर साथ चलने वालों की जरूरत थी। वे लुकाठी लिये सरे बाजार गुहार लगा रहे थे :

कबिरा खड़ा बजार में लिये लुकाठी हाथ।
जो घर जारे आपना चले हमारे साथ।।

कबीर के अन्तःकरण से फूटे इन शब्दों ने क्या परिणति पायी, मानव समता तथा एक मानव धर्म का जो सपना उन्होंने देखा था, और जिसे अपनी विरासत के रूप में उन्होंने युग को दिया, युग उसे साकार कर पाया या नहीं, भक्ति-आन्दोलन की कबीर द्वारा प्रवर्तित क्रान्तिकारी तथा विद्रोही धारा आगे भी उतनी ही प्रखर तथा विद्रोही बनी रही या नहीं, फिलहाल इन बातों के विस्तार में हम नहीं जाना चाहते। सम्प्रति, हमारा निवेदन यही है कि भारतीय संस्कृति की क्रान्तिकारी चेतना के अग्रदूत बनकर कबीर अपने समय में प्रकट हुए। रामानन्द से प्राप्त राम-नाम के बीज मन्त्र को उसकी समूची क्रान्तिकारी व्यंजनाओं के साथ अपनी प्रखर तथा अनुभव सिद्ध वाणी से उन्होंने सातों द्वीपों तथा नावों खण्डों तक गुंजा दिया, इसमें कोई भी सन्देह नहीं :

भक्ति द्राविड़ी उपजी लाये रामानन्द।
परगट किया कबीर ने सप्तद्वीप नवखण्ड।।

कबीर की चर्चा करते हुए प्रायः उन्हें विद्रोही कवि, क्रान्तिकारी द्रष्टा, समाज सुधारक, मनीषी, रहस्यवादी साधक और सन्त, इस प्रकार के नाना रूपों में स्मरण किया जाता है। कोई उन्हें हिन्दू-मुस्लिम एकता के विधायक के रूप में, कोई रूढ़िभंजक के रूप में, और कोई सामाजिक नेता के रूप में देखता है। किसी को उनके ये सारे रूप गौण मालूम होते हैं और वह उन्हें एक रहस्यवादी, आध्यात्मिक आस्था वाले सन्त के रूप में ही पहचानने पर बल देता है। हमारी समझ में सवाल इन तमाम रूपों में से किसी एक या अनेक के साथ कबीर को जोड़कर देखने का नहीं है, सवाल तत्कालीन सामाजिक तथा सांस्कृतिक परिवेश के भीतर उन सन्दर्भों को पहचानने और उन्हें महत्त्व देने का है जो कबीर को एक ऐसी ऊँचाई दे सके

जो शताब्दियों बाद आज भी कायम है।

कबीर सचमुच विद्रोही और क्रान्तिकारी थे, किन्तु हमारे लिए महत्त्वपूर्ण यह जानना है कि सामाजिक तथा सांस्कृतिक जीवन के वे कौन से आयाम थे जिन्होंने कबीर के विद्रोह और उनकी क्रान्ति-निष्ठा को उनके व्यक्तित्व की बुनियादी विशेषता के रूप में जीवित रखा, कालान्तर में उन्हें किसी प्रकार की समझौतापरस्ती, किसी प्रकार के लुभावने आश्रय, किसी के अहेतुक संरक्षण में नहीं आने दिया, उनके हृदय में जलती विद्रोह की उस ज्वाला को जिलाए रखा जिसके नाते ही कबीर कबीर बने रहे और आजीवन सुविधाभोगियों, सत्ताधारियों तथा समाज और धर्म के प्रभुओं की आँख का काँटा बने रहे। कबीर को जिन-जिन रूपों में भी याद किया जाता है, और महत्त्व दिया जाता है, वे सब वह थे, किन्तु कहीं वे उन सबसे बढ़कर भी थे, बेमिसाल थे, कथनी में भी और करनी में भी। जरूरत उनकी इस विशिष्टता को पहचानने और रेखांकित करने की है।

समाज सुधारक, भक्त, सन्त, हिन्दू-मुस्लिम एकता के हामी और मानव प्रेम के अभिलाषी इस देश में कोई कम नहीं हुए हैं। बहुत पुराना और बहुत विशाल देश है यह। सदियों से महान मनीषी, सन्त, पीर, फकीर, औलिए यहाँ होते रहे हैं। भारतीय जनमानस उन्हें स्वीकार भी करता रहा है, पूजता और प्रतिष्ठा देता रहा है, किन्तु गलत न होगा, यदि कहा जाये, कि कबीर इनकी परम्परा के होते हुए भी इनसे भिन्न थे, इनसे जुड़े रहने पर भी इनसे न्यारे थे। तभी तो जहाँ अन्य तमाम मनीषी, भक्त और सन्त, साधक और सिद्ध, जनता के कन्धों से होते हुए समाज और शासन के महाप्रभुओं पर जा बैठे, व्यवस्था द्वारा न केवल पचा लिए गये, उसके द्वारा पूजे और सराहे गये, उसके द्वारा इस्तेमाल हुए, उसकी बोली भी बोलने लगे, कबीर एक अपवाद हैं कि समाज, धर्म तथा शासन के महाप्रभु, उनके कर्णधार जिनके पास फटक तक न सके, उन्हें पचाना और अपने हित में इस्तेमाल करना तो दूर की बात। यह दूसरे सन्तों और मनीषियों की अवमानना नहीं, एक वस्तुगत सच्चाई है जिसे हमें स्वीकार करना चाहिए। कबीर ने जीवन भर जो कुछ प्रचारा और कहा उसे, जैसा कि हमने अभी कहा, पचाना और हजम करना तो दूर, उसे गले के नीचे उतार पाने तक का बूता समाज, शासन तथा धर्म के मसीहाओं के पास न तब था और न आज है। इस प्रकार कबीर शासन तथा समाज के महाप्रभुओं की खोखली कथनी और करनी को निर्ममता के साथ उजागर कर देते हैं, उन्हें उनकी सही शक्ल में हमारे सामने पेश कर देते हैं।

कबीर के सच्चे अनुयायियों की संख्या उनके अपने समय में भी उँगलियों पर गिनी जाने लायक थी, और वैसा ही आज भी है। एक भीड़ कबीर पंथ के नाम से उनके मरने के बाद जरूर उनके पीछे खड़ी हो गयी थी और आज तक चली आ रही है, किन्तु उसकी वास्तविकता भी हम जानते हैं। सचमुच कबीर की शर्तों पर

कबीर के साथ चलना मामूली बात नहीं है, उनका नाम लेकर पंथ खड़े करना कितनी अहमियत रखता है, इसे स्पष्ट करना जरूरी नहीं है। सब कुछ हमारी आँखों के सामने साफ है। कबीर जीवन भर गुहार लगा-लगाकर थक गये कि कोई माई का लाल तो उनके साथ चले, किन्तु शर्त इतनी कठोर थी कि किसी का हौसला नहीं हुआ कि उसे पूरा करते हुए वह उनके साथ आये और आगे बढ़े। कबीर वर्ग, वर्ण, धर्म, जाति, तथा सम्प्रदाय से परे सच्ची इंसानियत के मुरीद थे, उस प्रेम के पुजारी थे जहाँ बदले में कुछ पाना नहीं, महज देना ही देना है। और यह देना भी मामूली नहीं, सब कुछ से नाता तोड़कर अपने आपको ही दे देना है, अपना आपा खोकर उनके साथ आना है। जाहिर है कि कबीर की गुहार पर न तो घर फूँकने वाले आगे आये और न अपना सिर कटाने वाले। उनकी आवाज बस वातावरण में गूँजती रही :

कबिरा खड़ा बजार में लिये लुकाठी हाथ।
जो घर जारे आपना चले हमारे साथ॥

आचार्य हजारी प्रसाद द्विवेदी का एक निबन्ध है, 'घर जोड़ने की माया', सो जिस समाज में घर जोड़ने की माया की धम मची हो, आपस की होड़ा-होड़ी हो वहाँ घर फूँककर कबीर की तरह सरे-बाजार खड़े होने का साहस कितनों में होता। कबीर की पुकार अनसुनी ही रह गयी। दूसरे, जहाँ अपने आप को, अहंकार और दम्भ को छोड़ना तो दूर, उसे दूसरों पर जबरन थोपते हुए सुख और सन्तोष पाने वालों का मजमा हो, वहाँ सच्चे प्रेम की राह अगर सूनी ही रह जाये तो कोई आश्चर्य नहीं—कबीर कहते रहे :

कबीर यह घर प्रेम का खाला का घर नाहिं।
सीस उतारे मुँह धरे तो घर पैठे आहि॥

जाहिर है कि यहाँ भी कबीर की आवाज अनसुनी रही। सचमुच बड़ा कठिन और दुर्लभ था वह प्रेम जिसका सपना उन्होंने देखा था और अपना सब कुछ देकर जिसे उन्होंने हासिल किया था। बड़ी अलभ्य थी वह इंसानियत जिसकी बेल इस धरती पर वे रोपना चाहते थे। कबीर की विद्रोही वाणी इसीलिए आजीवन गूँजती रही, अकेली गूँजती रही और कितनी बड़ी आस्था थी उनकी कि उन्होंने असफलता के बावजूद समझौते की गलियों में भटककर उसे गुमराह नहीं होने दिया। वे अपनी जमीन से कण भर भी, अपने स्वप्नों और संकल्पों के मूल्य पर नहीं हटे। मनुष्य को, समाज को तथा जीवन को जिस रूप में ढालना चाहते थे, जिस नये मनुष्य, नये समाज तथा नये जीवन की परिकल्पना उन्होंने की थी, उनके अपने समय की समस्त रूढ़िवादी-प्रतिक्रियावादी-प्रतिगामी शक्तियाँ उनके खिलाफ एकजुट थीं। एक दुर्द्धर्ष और अपराजेय योद्धा की तरह वे आजीवन इन शक्तियों से जूझते रहे और उन्होंने उनके समक्ष घुटने नहीं टेके, उनसे हार नहीं मानी।

उनकी वाणी उलटे प्रखर से प्रखरतर होती गयी, उसे चुप कर पाना तो दूर,

उसे कोई मद्धिम भी नहीं कर पाया। हर समझौते को उन्होंने लानत दी, हर प्रलोभन को उन्होंने ठुकराया, हर खतरे का उन्होंने सामना किया, किन्तु उस मशाल को ऊँचे हाथों थामे रहे जिसकी रोशनी में ही एक नये इंसान, एक नयी ज़िन्दगी तथा एक नयी संस्कृति तक पहुँचाने वाली राह मिल सकती थी। आचार्य हजारी प्रसाद द्विवेदी ने यह बहुत ठीक लिखा है कि कबीर कदापि समन्वयवादी नहीं थे। किसी प्रकार की भी 'दीन इलाही' जैसे पैरोकारी उन्होंने नहीं की। हिन्दू तथा इस्लामी धर्ममत के श्रेष्ठांशों को सुनकर, उनकी अपनी संस्कृतियों के सारतत्व को गूँथकर समन्वय का एक गोरखधन्धा प्रस्तुत करने का प्रयास उन्होंने कभी नहीं किया। उन्होंने हिन्दू तथा इस्लामी धर्ममत दोनों को ठुकराया, उनके शास्त्र ग्रन्थों को कोई तरजीह नहीं दी, उनके पण्डितों और मुल्लाओं को किसी भी स्तर पर बरदाश्त नहीं किया। उन्होंने इन सब पर हमला किया, इन सबकी धज्जियाँ उड़ाई। उनका रास्ता इन सबसे अलग था और अपने मार्ग पर, उसकी सत्यता पर उनका अगाध विश्वास था। अपने लक्ष्य की सच्चाई पर उनकी अप्रतिहत आस्था थी तभी चली आ रही सारी लीकों को रौंदते हुए वे अपनी लीक अलग बनाकर चले, सायर, सिंह और सपूत का उदाहरण सामने रखा। यदि अपने स्वानुभवों पर, अपने रास्ते की सच्चाई पर उनका इतना अखण्ड विश्वास न होता तो अनपढ़ होते हुए भी पण्डितों के गढ़ काशी में उनके पोथी ज्ञान को कठोर चुनौती देते हुए उन्हें इस प्रकार नहीं ललकारते कि :

मैं काशी का एक जुलाहा, बूझहु मोर गियाना।

या उन्हें चुनौती देते हुए ऐसा नहीं कहते, 'पण्डितवाद वदंते झूठा।' वस्तुतः कबीर सरहपा विद्रोह की जीवित मूर्ति थे। राम-नाम के बीज मन्त्र को उन्होंने इस प्रकार जी लिया था कि वे निर्भय हो गये थे। उन्हें न कट्टरपंथी हिन्दुओं से भय था, न मुल्लाओं से। अपने राम की भाँति वे भी 'ना हिन्दू ना मुसलमां' थे और इस बात को उन्होंने अपने समय में साहस के साथ घोषित किया था। उन्होंने हिन्दुओं की हिन्दुवाई और तुरकों की तुरकाई अच्छी तरह देख ली। वे जान चुके थे कि दोनों ही अन्धे हैं और जो खुद अन्धे हों वे दूसरों को रास्ता क्या दिखाएँगे :

अरे इन दोऊन राह न पाई।
हिन्दुवन की हिन्दुवाई देखी, तुरकन की तुरकाई।।

ऐसी स्थिति पर वे महज इन पर हँस ही सकते थे, उनकी मखौल उड़ा सकते थे, उनके विचारों और बाह्याचारों की धज्जियाँ बना सकते थे, और उन्होंने उनकी धज्जियाँ बनाई भीं। बिना उनके तत्त्ववाद की परवाह किये उन्होंने उस सारे कर्मकाण्ड पर, उन सारे आचार-विचारों पर कड़ी चोट की जो साधारण जन को अपमानित करते थे, आदमी और आदमी में फर्क करके देखते थे, आदमीयत से बढ़कर सतही विधि-विधानों को, खोखली पूजा चर्या को, सड़े-गले रीति-रिवाजों को

मानते थे। जोगी हो अथवा अवधूत, पण्डित हो अथवा मुल्ला, शेख हो अथवा ब्राह्मण, उन्होंने किसी को नहीं बख्शा, तिलमिला देने वाले सवालों की झड़ी लगाते हुए उन्हें निरुत्तर किया। सैकड़ों की तादाद में उनकी ऐसी साखियाँ तथा पद हैं जो यह स्पष्ट करते हैं कि प्रतिपक्षियों पर आक्रमण करते समय कबीर कितने निर्मम हो उठते थे :

मन ना रंगाए रंगाए जोगी कपड़ा।
आसन मारि मन्दिर में बैठे,
ब्रह्म छांड़ि पूजन लागे पथरा।।
कनवा फड़ाय जटावा बढ़ौते,
दाढ़ी बढ़ाय जोगी होई गैले बकरा।।
जंगल जाय जोगी धुनिया रमौते,
काम जराय जोगी होई गैले हिजरा।।
मथवा मुड़ाय जोगी कपड़ा रंगौले,
गीता बाँच के होय गैले तबारा।।
कहहिं कबीर सुनो भाई साधो,
जम दरवाजा बाँधत जैबे पकड़ा।।

और मुसलमानों के बाह्याचार पर कबीर की फटकार है :

काजी कौन कतेब बखाने।
पढ़त पढ़त केते दिन बीते, एकै नहिं जाने।
सकति से नेह पकरि कै सूनत, यह न बंदू रे भाई,
और खुदाइ तुरक मोहिं करता तो आपै कठि किन जाई।
हाँ तो तुरक किया करि सुन्नति औरति सो का कहिए।
अधर सरीरा नारि न छूटे आधा हिन्दू रहिए।
छांड़ि कतेब राम कहि काजी खून करत हौ भारी।
पकरी टेक कबीर भगति की काजी रहे झख मारी।।

ये मात्र एक-एक उदाहरण हैं जहाँ कबीर हिन्दू-मुसलमानों के कर्मकाण्ड तथा बाह्याचारों पर निर्मम हुए हैं, गोकि निर्ममता कबीर के स्वभाव में न थी, अहंकार उनकी प्रकृति में न था। वे अहंकार से सर्वथा रहित तथा प्रकृति से नितान्त कोमल और विनीत थे। वे तो अपने राम के मुतिया थे जो जेवरी में उन्हें बाँधे जिधर चाहे घुमाता था। जब वे अपना सीस काटकर पहले ही राम की देहरी में अर्पित कर चुके थे तब अहंकार रहता भी तो कहाँ। कबीर के इस रूप को पहचान लेने पर ही उनके विद्रोही और क्रान्तिकारी रूप की, उनके आक्रामक और समझौताविहीन रुख की सही पहचान हो सकती है।

कबीर के इस रूप को, जहाँ वे एक विह्वल, प्रेमरस से भीगे, उससे बाहर से

भीतर तक सराबोर, विरह की कठिन चोट से घायल और आर्त्त, एक सन्त, साधक और भक्त हैं, उनके उस रूप से, जहाँ वे ओज से दीप्त, भयानक रूप से आक्रामक और कठोर हैं, अलग करके नहीं देखा जा सकता। कबीर अपनी अद्वितीयता के साथ वहाँ भी हैं और यहाँ भी। दोनों रूपों की एकात्मता कबीर की सही पहचान है। दोनों को अलग-अलग करके कबीर को समझने और पहचानने का प्रयत्न करना उन्हें या तो न पहचानना है या अधूरा पहचानना है और इस अधूरी, खण्डित या एकांगी पहचान पर आधारित उनके बारे में हमारे सारे निर्णय भी अधूरे, खण्डित और एकांगी होंगे। कबीर का व्यक्तित्व एक समग्र व्यक्तित्व है, उनकी चेतना एक अखण्ड चेतना है, उनकी साधना, उनकी भक्ति, उनका सन्तत्व, उनकी डाँट-फटकार, उनका अक्खड़पन, उनका मूर्तिभंजकत्व, सब उनकी इस अखण्ड चेतना की ही नाना अभिव्यक्तियाँ, उसी के अलग-अलग तेवर हैं।

उनमें अन्तर्विरोध दिखाई पड़ सकता है, असंगति लग सकती है, किन्तु तभी जब हम कबीर के समग्र को नजरअन्दाज करते हुए उन्हें टुकड़ों में पढ़ने और गुनने का प्रयास करेंगे। हम कबीर के उन अन्तर्विरोधों को ढकना नहीं चाहेंगे जो उनके अपने युग जीवन से सम्बन्ध रखते हैं, यह मानते और कहते हुए भी कि कबीर ने अपने समय का अतिक्रमण किया था और उसे काफी कुछ चीरते हुए क्षतिग्रस्त करते सामने आये थे। अपने अनेक समानधर्माओं को वे पीछे छोड़ते हुए अपने युग जीवन का अतिक्रमण करते हैं, फिर भी कबीर एक व्यक्ति थे और युग के अपने निशान भी उन पर पड़े हैं, कहीं कम, कहीं कुछ ज्यादा। किन्तु इससे कबीर के बारे में हमारी मूलवर्ती धारणा में कोई अन्तर नहीं आता। अपने समय और समाज के अन्तर्विरोधों को झेलने वाले, उनके बीच से रास्ता बनाने वाले, एक दुर्द्धर्ष योद्धा की भाँति उससे टकराने वाले के अपने शरीर और अपनी चेतना में प्रतिपक्षी की कुछ खरोंचें आयेंगी ही, और वे कबीर के व्यक्ति और उनके विचारों पर दिखाई भी देती हैं, परन्तु कबीर के द्वारा युग पर डाले गये निशान उनके अपने ऊपर पड़े निशानों से कहीं ज्यादा गहरे हैं, और यही कबीर वस्तुतः कबीर भी हैं।

हम जो बात ऊपर कहना चाहते थे वह यह है कि कबीर के भक्त, उनके सन्त या उनकी भक्ति, उनके सन्तत्व तथा उनकी विद्रोही छवि को एक और अखण्ड माना जाना चाहिए उनमें फाँक करके हमें उन्हें नहीं देखना चाहिए। इस सत्य को भाँप लेने के मायने हैं कबीर को सही अर्थों तथा सही आशय के साथ समझने की दृष्टि पा लेना। समाज का प्रभु वर्ग इसी सत्य को नहीं पहचान पाया, यही कारण है कि कबीर उसकी नजरों में आज भी तिरस्कृत हैं, आज भी उपेक्षित हैं और जब तक वर्ग, वर्ण, धर्म, सम्प्रदाय, जाति और नस्ल की दीवारों को ढहाती हुई इंसानियत और इंसानी संस्कृति की वह छवि नहीं उभरती जिसे कबीर ने देखा था और अपने युग को निर्मम होते हुए भी दिखाना चाहा था, जब तक तमाम

प्रकार के झूठे दावों को मिटाता-गिराता सच्ची मानवता का वह सोता अपने समूचे वेग से नहीं फूटता, जिसके लिए कबीर आजीवन फावड़ा और कुदाल लिये श्रमरत रहे, तब तक कबीर इसी प्रकार उपेक्षित रहेंगे, इसी प्रकार त्याज्य बने रहेंगे, इसी प्रकार बे-पहचान होंगे।

सच पूछा जाये तो कबीर अपने समय से बहुत आगे की हस्ती थे। समय ने अपने कुछ निशान उन पर छोड़े जरूर, पर वे समय की गिरफ्त में आ नहीं सके, उसे झाड़ते और मुँह बिराते हुए आगे निकल गये। हम कह चुके हैं यही कबीर का कबीरत्व है। न उन्हें उनके समय के लोग ठीक से जान और गुन सके, और न आज ही वे सही अर्थों में जाने और पहचाने जा रहे हैं। किन्तु इतना निश्चित है कि इतिहास उसी दिशा की ओर गतिशील है जिस दिशा की ओर कबीर की उँगली थी। यह भी निश्चित है कि आने वाला युग कबीर का युग होगा। क्योंकि कबीर ने जो कुछ देखा और दिखाना चाहा था, वह बड़ी कठिन साधना के बाद उन्हें हासिल हुआ था। बड़े गहरे अनुभवों के साथ जुड़कर सामने आया था। ज़िन्दगी के कीचड़ में कमर तक धँसकर उन्होंने सच्चाई के कमल का साक्षात्कार किया था, दूर-दूर तक छाये अन्धकार में भी उनकी आँखें शताब्दियों बाद आविर्भूत होने वाले भविष्य को देख सकी थीं।

जिस समय सारा समाज सुख की नींद सो रहा था, मनुष्यता के उज्ज्वल भविष्य का यह द्रष्टा जाग रहा था। सारा समाज सुख-सुविधाओं को भोग रहा था, किन्तु कबीर दुखों की भट्ठी में सुलग रहे थे, युग की पीड़ा का साक्षात्कार करते हुए आँसू बहा रहे थे। वे ऊपर से अक्खड़ तथा फक्कड़ थे किन्तु भीतर से नितान्त दुखी तथा संतप्त; अपने लिए नहीं, कोटि-कोटि साधारण जनों की पीड़ा तथा व्यथा से। यह कबीर के मर्म से निकली वाणी है जो उनकी इन पंक्तियों में गूँजी है :

सुखिया सब संसार है, खावे और सोवे।
दुखिया दास कबीर है जागे और रोवे।।

वे जाग रहे थे और रो रहे थे, शेष सब खा रहे थे, और सुख की नींद सो रहे थे। क्या है कबीर का यह जागना और रोना? क्या हम इसे मात्र अभिधा में ही ग्रहण कर चुप रह जायें या उसकी कोई दूरवर्ती तथा गहरी व्यंजना है जिससे हमें मुखातिब होने की जरूरत है?

हम कह चुके हैं कि कबीर देश के सांस्कृतिक नवजागरण के अग्रदूत थे, अपने गुरु रामानन्द की भाँति। जब-जब देश शताब्दियों तथा गहरी निद्रा में निमग्न रहकर जागा है उसके जागरण की अभिव्यक्ति उसके घोर रुदन में ही हुई है। जीवन के यथार्थ का अनुभव जागने पर ही होता है। सुप्तावस्था में मनुष्य स्वप्न देखता है और जागने पर उसे वास्तविकता दिखाई देती है। वास्तविकता का यह दीदार जाहिर है कि सुखकर नहीं होता। गुप्तावस्था के युग अन्धकार के युग

के नाम से भी पुकारे गये हैं और यह अन्धकार अज्ञान का, आत्मग्रस्तता का, छल का, अविद्या का, मूढ़ता का अन्धकार रहा करता है। तभी जागने पर जो कुछ सामने दिखाई देता है वह सुख नहीं पहुँचाता, भीतर तक मथ देता है। कबीर का भी यह जागना और रोना इसी प्रकार का है। वह आध्यात्मिक भी है और ठेठ सामाजिक-सांस्कृतिक वास्तविकता से प्रसूत थी।

कबीर ने अपने आविर्भाव के साथ जिस युग सत्य से साक्षात्कार किया था और जिसका एक संकेत भक्ति-आन्दोलन की सामाजिक पृष्ठभूमि प्रस्तुत करते हुए हम दे चुके हैं, उस युग सत्य को देखकर कबीर जैसे निष्ठावान और ईमानदार व्यक्ति रो ही सकते थे। वे चाहते थे कि उनके इस रुदन में कोटि-कोटि कण्ठों का रुदन भी शामिल हो किन्तु उनके रुदन में सुविधाभोगी वर्गों का कण्ठ स्वर शामिल नहीं हो सका। कबीर रोते रहे, रोते रहे और अन्ततः सब कुछ को स्वाहा करते हुए एक प्रचण्ड विद्रोही रूप में सामने आ गये। कबीर के विद्रोही व्यक्तित्व का एक प्रधान कारण उनका यह अनन्तकालीन जागरण और रुदन भी है। आधुनिक युग में आधुनिक नवजागरण के सन्दर्भ में भारतेन्दु भी हमें रोते तथा देशवासियों से उस रुदन में सहयोग देने को कहते देख पड़ते हैं :

आवहु सब मिलि कै रोवहु भारत भाई।
हा, हा भारत दुरदशा न देखी जाई।।

जो व्यक्ति निरन्तर जागने और रोने के लिए अभिशप्त हो, इस प्रकार जागकर और रोकर जो समाज, धर्म और शासन के प्रभुओं क सुख की नींद हराम किये हो, समाज, धर्म तथा शासन के ये मसीहा उसे क्यों और कैसे संरक्षण दे सकते थे? उसे कैसे स्वीकार कर सकते थे? कबीर प्रभुवर्ग के द्वारा तब से लेकर आज तक उपेक्षित क्यों रहे, उसका एक प्रधान कारण उनका यह जागरण और रुदन भी है।

अपने साईं का दीदार पाकर कबीर गाहे-बगाहे भले ही उमंग पड़ते हों, मस्त और बेपरवाह हो जाते हों, जगत का दीदार उन्हें बेहद उदास कर देता था। बाहर के फक्कड़पन और मस्ती की सात पर्तों के भीतर यह जो उदासी छिपी हुई है, ऊपर से दिखाई पड़ने वाली निपट कठोरता के भीतर यह जो करुणा का अजस्र सागर उनके अन्तःकरण में लहरा रहा है, उसकी गहराइयों का अनुमान करके ही कबीर की ऊँचाइयों को मापा जा सकता है। कबीर के व्यक्तित्व और कृतित्व में विपरीतों की यह जो एकता है, विरुद्धों का यह जो सामंजस्य है, यही उनकी अद्वितीयता है। यहीं वे अपने समानधर्माओं से जुड़े रहकर भी उनसे अलग हैं, परम्परा के जीवित और जाग्रत अंश को लिये हुए भी उससे विद्रोही हैं, और यही उनके बड़प्पन का राज भी है।

कबीर मात्र पहुँचे हुए सन्त और साधक ही नहीं थे, वे एक महान कर्मयोगी

भी थे। मसीहाओं के अन्दाज में उन्होंने जनता को केवल उपदेश ही नहीं दिये, केवल सिद्धान्त ही नहीं बघारे, अपनी कही हुई एक-एक बात को खुद अपने जीवन में आचरित भी किया। रूढ़ियों और रीतियों पर प्रहार करना तो सहज है, स्वयं अपने को उन पर धार की तरह चला देना सरल नहीं है। कबीर वाग्वीर नहीं कर्मवीर थे। वे किसी ऊँचे टीले पर खड़े होकर लोगों का उद्‌बोधन नहीं कर रहे थे, कन्धे से कन्धा मिलाकर लोगों के साथ चल भी रहे थे। कबीर मिसाल हैं तो इसलिए कि पहले उन्होंने अपना घर फूँका, फिर दूसरों से अपना घर फूँककर अपने साथ चलने को कहा। कहते हैं कि काशी में प्राण छोड़ने से आत्मा सीधे बैकुण्ठ जाती है, काशी नगरी शंकर के त्रिशूल की नोक पर अवस्थित है लोग-बाग दूर-दूर से मुक्ति की लालसा में महज प्राण छोड़ने काशी आते हैं। काशी की हिन्दू धर्म मत में महिमा ही ऐसी है। इसके विपरीत मगहर है जहाँ पर मृत्यु को प्राप्त होने वाला हिन्दू शास्त्रों के अनुसार अगले जन्म में निकृष्ट योनि प्राप्त करता है।

कबीर जीवन भर काशी में रहे किन्तु जब प्राण छोड़ने का समय आया तो पण्डितों और सारे शास्त्रों को मुँह बिराते हुए सीधे मगहर पहुँचे और मगहर में अपने प्राण छोड़े। कबीर मगहर के बारे में सब कुछ जानते हुए मगहर पहुँचे। अपनी कथनी और करनी को उन्होंने एक कर दिया। कबीर सच्चे सूरमा थे। वह सूरमा ही क्या जो निर्णय की घड़ी आने पर सोच-विचार करे। कबीर ने अपने को ही दाँव पर लगाया और मगहर जाते हुए वे लोगों को उस मर्म से भी परिचित करा गये जो जीवन भर की साधना के बाद उन्होंने पाया था। अर्थात् जब राम के साथ सच्ची लौ लगी हुई है कहीं पर भी प्राण छूटे, फर्क क्या पड़ता है :

लोका तुम हो मति के भोरा।
जो कासी तन तजे कबीरा तो रामहिं कौन निहोरा।

× × ×

क्या कासी क्या मगहर ऊसर हिरदै राम जो प्यारा।।

राम यदि सर्वत्र व्याप्त है, घट घट में है, कीरी कुंजर में है, कण कण में है, तो फिर कासी और मगहर का फर्क कैसा? मरने के लिए कासी की भागदौड़ क्यों? बहुत पहले उन्होंने पण्डितों और मुल्लाओं से कुछ ऐसा ही सवाल किया था कि यदि भगवान मन्दिर में रहता है, और खुदा मस्जिद में, तो मन्दिर और मस्जिद जहाँ नहीं है, वहाँ का ठाकुर कौन होता होगा। वहाँ किसकी ठकुराई चलती होगी।

तुरुक मसीत देहुरे हिन्दू दुहुठां राम खुदाई।
जहाँ मसीति देहुरा नाहीं तहां काकी ठकुराई।।

वस्तुतः कबीर राम-नाम के बीज मन्त्र को जीवन में उतार चुके थे। गोकि उनकी साधना बहुत कठोर थी, किन्तु सारी अग्निपरीक्षाओं में उत्तीर्ण होते हुए वे

अपने राम का दीदार हासिल कर चुके थे। आँख से निकले आँसुओं से नहीं, आँख से टपके लहू से अपने प्रियतम के चरण धो चुके थें।

सोई आँसू साजणां, सोई लोक बिड़ाहिं।
जे लोइण लोही चुनैं, तौ जाणौ हेत हियाहिं।।

गालिब के द्वारा लिखी यह पंक्ति बहुत मशहूर है, जब आँख ही से न टपका तो फिर लहू क्या है, कबीर की उपर्युक्त उक्ति से उसका मिलान कीजिए। जब बात लहू के आँसुओं तक पहुँच चुकी हो, जब इस बिन्दु पर प्रियतम के साथ एकात्म हो चुका हो, तब फिर स्वर्ग और नरक, बन्धन और मोक्ष का महत्त्व ही क्या रह जाता है। कबीर के लिए जीवन और मृत्यु एक बन चुकी थीं, वे दोनों के प्रति सम थे। वे तो ऐसे सूरमा थे। जो जब जीता है तो मौत को एक जेब में रखे हुए, और जब मरता है तो जिन्दगी जिसके कदम चूमती है :

एक समसेर इकसार बजती रहे, खेल कोई सूरमा सन्त झेले।
सील से नेह करि ज्ञान को खंग लै, आय चौगान में खेल खेले।।

कबीर का चिन्तन, उनकी कविता अथवा उनकी साधना इतनी विराट आयामों वाली है कि वह आत्म-बोध और जगत-बोध जैसे विभाजनों को स्वीकार नहीं करती। उनके यहाँ दोनों ही एकाकार हैं। उनकी भक्ति भी वस्तुतः योगसाधना-परक भक्ति नहीं है, जैसा कि प्रायः उसे समझा जाता है। यह ठेठ जीवन के बीच से रास्ता बनाती है। कबीर संसार से वैराग्य का प्रतिपादन नहीं करते। वे केवल राम-नाम के मर्म को पहचानने पर बल देते हैं। उनकी शर्त जरूर कठिन है, खांडे की धार पर चलने के समान, और उस सबको पीछे छोड़कर आगे बढ़ने की जो जाति, धर्ग, बर्ग, तथा वर्णगत संस्कारों के रूप में सदियों से मनुष्य की चेतना में पर्त-दर-पर्त जमता चला जा रहा है। कबीर जब लोगों से अपना घर फूँकने की बात कहते हैं या शीश को उतारकर जमीन पर रखने की बात करते हैं, तो उनका आशय इस सबको छोड़ देने से ही है। एक वाक्य में कहना चाहें, तो अहंकार से मुक्त होने से है।

जिस युग में कबीर जन्मे थे और जिन परिस्थितियों में उन्हें जीना पड़ा था, उसके आधार पर सहज ही अनुभव किया जा सकता है कि जो कुछ वे कह सके और कर सके, उसे कितने साहस और जीवट के साथ उन्हें कहना पड़ा होगा। सचमुच जान की बाजी लगाकर, सिंधौरा हाथ में लेकर मैदान में उतर पड़ने वाला सूरमा ही वह सब कुछ कह और कर सकता है। हम आज एक मानव धर्म और एक मानव संस्कृति की बात करते हैं, और हम में से कितने वस्तुतः आज भी ऐसा कह पाते हैं, कबीर यह सब पाँच सौ साल पहले कह सके और कह ही नहीं सके अपने आचरण में उसे उतार भी सके थे। उनके पास इतना आत्मविश्वास था कि वे साहस के साथ यह भी कह सके कि उनका रास्ता ही एकमात्र रास्ता है,

और बाकी सारे रास्ते गुमराह करने वाले हैं। इसे भले ही उनकी गर्वोक्ति समझा जाये, उनका अहंकार माना जाये, किन्तु जैसा कि उनका जीवन, उनका आचरण और उनकी करनी थी, उनका कहना कि जिस चादर को बड़े-बड़े सूर नर और मुनियों ने ओढ़-ओढ़ कर मैला कर दिया, उसे वे बेदाग बनाये रख सकने में सफल हुए, शत-प्रतिशत सही है।

हम पहले भी कह चुके हैं कि कबीर में अहंकार का लेशमात्र भी नहीं था, अतएव उनके गर्वोक्ति करने का सवाल ही नहीं उठता। आत्मविश्वास से पूरित, सात्विक अन्तःकरण से फूटे सत्य कथन का स्वाभाविक तेज यदि किसी को गर्वोक्ति या अहंकार लगे तो यह अलग बात है। अन्यथा यदि कबीर की चादर बेदाग न होती, न तो वे पण्डितों की नगरी काशी में इतने आत्मसम्मान से रह सकते थे, और न उन्हें चुनौती दे सकते थे। जो लम्बा आयुष्य उन्होंने भोगा वह भी उनके शरीर और मन रूपी चादर के बेदाग रहने का ही परिणाम है। आत्मसम्मान के साथ उन्होंने एक लम्बा और तेजस्वी जीवन जिया। बड़ी से बड़ी सांसारिक सत्ता के समक्ष भी वे घिघियाए नहीं, दीन नहीं हुए, नत नहीं हुए। अपनी रोजी-रोटी उन्होंने खुद अर्जित की, और उससे अधिक अर्जित नहीं किया जितने की उन्हें आवश्यकता थी :

साईं इतना दीजिए जामे कुटुम समाय।
आप न भूखा रहि सके, साधु न भूखा जाय।।

जुलाहे का अपना पेशा उन्होंने अन्त तक नहीं छोड़ा। किसी भी प्रकार की हीन भावना से रहित डंके की चोट पर अपने को जुलाहा तथा कोरी कहा, 'कहे कबीर जुलाहा, कहे कबीरा कोरी'। न तो भक्तों की भीड़ उन्हें भरमा सकी और न साधना तथा सन्तत्व का भाव उन्हें अपने सहज मानवीय क्रिया-कलापों से पराङ्मुख कर सका। कबीर की यह वह मनुष्यता है जो उनके सन्तत्व के शीर्ष पर चढ़कर बोलती है। बेदाग और निष्कलुष जीवन आखिर कहते किसे हैं?

जब-तब कबीर की प्रतिभा को ध्वंसात्मक भी कहा गया है। हम इस भ्रान्ति का निराकरण कर चुके हैं कि कबीर को समग्रता में देखकर ही पहचाना जा सकता है। कबीर कतई केवल ध्वंस के आग्रही न थे, वे मूलतः और वस्तुतः एक नये निर्माण के आकांक्षी थे। यह और बात है कि अपनी परिकल्पना की इमारत के लिए जो नींव वे डालना चाहते थे, उसके लिए उन्हें गहराई तक जाकर समाज की जड़ों पर कुदाल चलाने पड़े। इसे यदि ध्वंस कहा जाये तो पूछा जा सकता है, कि आखिर निर्माण किसे कहते हैं?

इस बिन्दु पर आकर हम उस परम्परा पर भी एक निगाह डाल लेना चाहते हैं जिसका प्रवर्तन कबीर से होता है तथा उन कारणों पर भी विचार करना चाहते हैं।

जिनके रहते विद्रोह का पथ अपनाने वाली निर्गुण भक्ति की यह परम्परा कालान्तर में क्षीण पड़ते हुए समझौते का रास्ता अपनाने वाली सगुण भक्ति की धारा के समक्ष दब गयी या दबा दी गयी।

कबीर की परम्परा में यों तो अनेक नाम हैं किन्तु नानक, रैदास, दादू, विशेष प्रसिद्ध हैं। महाराष्ट्र में अनेक कारणों से सगुण-निर्गुण में भेद नहीं रहा, अन्यथा दरजी कुल में जन्मे नामदेव, कबीर के ही समानधर्मा हैं। कबीर के निर्गुण पंथ पर लिखते हुए आचार्य रामचन्द्र शुक्ल ने कहा है :

> इसमें कोई सन्देह नहीं कि कबीर ने ठीक मौके पर जनता के उस बड़े भाग को सँभाला जो नाथ पंथियों के प्रभाव से प्रेमभाव और भक्ति रस से शून्य और शुष्क पड़ता जा रहा था। उनके द्वारा यह बहुत आवश्यक कार्य हुआ। इसके साथ ही मनुष्यत्व की सामान्य भावना को आगे करके निम्न श्रेणी की जनता में उन्होंने आत्मगौरव का भाव जगाया और भक्ति के ऊँचे से ऊँचे सोपान की ओर बढ़ने के लिए बढ़ावा दिया। उनका निर्गुण पंथ चल निकला जिसमें नानक, दादू, मलूकदास, आदि अनेक सन्त हुए। (हिन्दी साहित्य का इतिहास, 67)

कबीर के कार्य पर यह आचार्य शुक्ल की महत्त्वपूर्ण टिप्पणी है। किन्तु अन्यत्र कबीर पर अपना मत देते हुए शुक्ल जी वस्तुनिष्ठ नहीं रह पाये हैं। यह सर्वविदित है कि कबीर के निर्गुण मत का आगे चलकर जोरदार खण्डन हुआ। कृष्ण भक्त सगुण कवियों ने तो भ्रमर गीतों के द्वारा यह कार्य किया, किन्तु राम भक्त सगुण कवियों ने सीधे ही निर्गुण मत पर चोट की। आचार्य शुक्ल का सगुण भक्ति विशेषकर सगुण राम भक्ति पर अनुराग जगजाहिर है अतएव जहाँ उन्होंने कबीर की सराहना इस कारण की है कि उन्होंने नाथ पंथियों के अहेतुक प्रभाव से साधारण जन को मुक्त करते हुए उसे भक्ति रस की ओर मोड़ा, वहाँ कबीर की निगुर्ण भक्ति के प्रति वे इस कारण उदार और वस्तुनिष्ठ नहीं रह पाये हैं कि वह उस सगुण राम भक्ति के सीधे विरोध में सामने आती है, जिसमें राम को दशरथ सुत मानकर उनके अवतारी रूप का आख्यान किया गया है। कबीर, जाहिर है कि राम के इस रूप के कायल नहीं थे, उनका राम तो कोई दूसरा ही मर्म रखने वाला था। उन्होंने कहा भी है कि :

दशरथ सुत तिहुँ लोक बखाना।
राम-नाम को मरम है आना।।

यही कारण है कि कबीर के बारे में लिखते हुए आचार्य शुक्ल ने कुछ इस प्रकार का आशय व्यक्त किया है कि चूँकि वे पढ़े-लिखे तो थे नहीं, अतएव इधर-उधर से सुन-सुन कर जो कुछ उन्होंने अपनी अटपटी बानी में कहा, साधारण जन उससे जरूर प्रभावित हुआ। उनका आशय कुछ इस प्रकार का भी है कि

साधारण जन भी कबीर की बानी से प्रभावित कम हुए, आतंकित अधिक हुए। वे लिखते हैं :

> 'अनेक प्रकार के रूपकों, और अन्योक्तियों के द्वारा ही इन्होंने ज्ञान की बातें कही हैं, जो नयी न होने पर भी वाग्वैचित्र्य के कारण अपढ़ लोगों को चकित किया करती थीं।' और भी उनका कहना है–'कबीर अपने श्रोताओं पर यह अच्छी तरह भासित करना चाहते थे कि हमने ब्रह्म का साक्षात्कार कर लिया है। इसी से वे प्रभाव डालने के लिए बड़ी लम्बी-चौड़ी गर्वोक्तियाँ भी कभी-कभी करते थे। (वही, 67)

कबीर की तथाकथित गर्वोक्तियों के बारे में हम कह चुके हैं। सवाल ब्रह्म के साक्षात्कार का है। हमारे अनुसार यह बहस भी बहुत तात्विक नहीं होगी कि ब्रह्म का साक्षात्कार वस्तुतः किसे हुआ था और किसे नहीं। सवाल ब्रह्म के साक्षात्कार का न होकर कबीर के बारे में रिकार्ड को ठीक रखने का है। आचार्य शुक्ल की कबीर पर की गयी टिप्पणियाँ अनेक सवाल उठाती हैं। यदि नाथपंथी सामान्य जनता को अपने कारनामों से चकित और आतंकित कर रहे थे तो क्या कबीर ने भी वही रास्ता चुना? फिर कबीर की नाथपंथियों के प्रभाव से साधारण जनता को मुक्त करने का श्रेय क्यों दिया जाये? दूसरा सवाल है कि क्या कबीर की लपेट में साधारण जनता महज आतंकित और चकित होकर ही आयी, और उनकी वाणी में उनके अपने गहरे अनुभवों का कोई भी ताप नहीं था; क्या उसमें उस मनुष्य का सत्य तेज नहीं था जिसके बूते पर ही आचार्य शुक्ल के अनुसार कबीर साधारण जन में आत्मसम्मान की भावना भरने में समर्थ हुए? क्या कबीर की वाणी आत्मसत्य तथा युगसत्य दोनों में दीप्त नहीं थी? क्या पढ़े-लिखे समाज के मानस को कबीर की अनुभव सिद्ध वाणी ने नहीं झकझोरा? क्या कबीर में केवल वाग्वैदग्ध्य ही था? ये वे प्रश्न हैं जो इसलिए विचारणीय हैं कि ये एक मर्मज्ञ और सच्चे आचार्य की टिप्पणियों से उद्‌भूत हुए हैं।

कबीर ने सचमुच कुछ चमत्कारिक उक्तियाँ कही हैं, कुछ आतंक भी जमाया है, जमाना चाहा है, पर उसका लक्ष्य साधारण जन नहीं, जैसा कि आचार्य शुक्ल का विचार है, उसका लक्ष्य है वह पढ़ा-लिखा समाज जो पढ़ा-लिखा होकर भी कबीर जैसी प्रतिभा वाले अनपढ़ के लिए ज्ञान शून्य था, वस्तुतः अनपढ़ था। कबीर ने आतंकित किया है, आतंक जमाया है, उस तथाकथित पढ़े-लिखे समाज पर, पोथी ज्ञान से भाराक्रान्त उस पण्डित और शास्त्रज्ञ वर्ग पर, अहंकारी तथा अभिमानी उन कट्टरपंथियों पर, जो साधारण जन पर अपने खोखले विधि-विधानों, अपने अमानवीय कानून-कायदों तथा अपने शास्त्रीय पाण्डित्य के बल पर दुगुना आतंक जमाए हुए था, जिसने साधारण जन के जीवन को नारकीय बना रखा था, और जिसकी तसदीक आचार्य शुक्ल ने यह कहकर की है कि कबीर ने मनुष्यत्व

की सामान्य भावना को आगे करके निम्न श्रेणी की जनता के मन में आत्मगौरव का भाव जगाया।

अतएव, कबीर के चमत्कार और आतंक का लक्ष्य साधारण जन न होकर कट्टरपथी पण्डित और शास्त्रज्ञ हैं। अनपढ़ व्यक्ति, जैसे कि कबीर थे, और जिसका कोई मलाल उन्हें नहीं था, आखिर किस आधार पर शास्त्रज्ञों से लोहा लेता? उन्हें ही निरुत्तर करने के लिए कबीर ने उलटबासियाँ कहीं, शास्त्रज्ञान के वजन पर उन्होंने अनुभव को रखा, 'कागद की लेखी' की काट 'आँखिन की देखी' से की, और पाण्डित्यजन्य सारे अहंकार को प्रेम के ढाई अक्षरों पर तोल दिया। उन्होंने अपने आचरण, अपनी साधना, अपनी भक्ति, और सबसे आगे बढ़कर अपनी मनुष्यता से यह सिद्ध कर दिया कि सन्त वह नहीं है जो ज्ञान के बोझ से दबा हुआ है, सन्त वह है जो पहले एक ईमानदार इंसान है, बाद में और कुछ। कबीर पर कोई भी बुनियादी निर्णय लेते समय हमें इन बातों के मद्देनजर रखना होगा।

कबीर के निर्गुण पंथ में नानक पहले व्यक्ति हैं जिन्होंने कबीर की भाँति 'ना हिन्दू ना मुसलमान' की जमीन पर खड़े होकर सत्य तत्त्व का प्रचार किया। नानक गोकि उच्च कुल से आये थे, फिर भी उन्होंने वर्ग, वर्ण, जाति, धर्म तथा सम्प्रदाय की संकुचित धारणाओं पर कड़ी चोट की और इस प्रकार कबीर की उस बेल को सींचा जो उन्होंने बड़ी कठिनाई से नाना रूपों में विभाजित मनुष्य समाज के बीच रोपी थी। महाराष्ट्र में नामदेव ने मनुष्यता की इसी सामान्य भूमि को स्वीकार कर अपनी बातें कहीं, और इसी परम्परा में रैदास चमार भी सामने आये। चित्तौड़ की उच्च कुल की राजरानी मीरां ने, कहते हैं, रैदास को अपने गुरु रूप में स्वीकारा। नामदेव, कबीर, नानक, रैदास, दादू, मलूकदास, मीरां की भक्ति की यह वह धारा है जो एक ही परम तत्त्व को सामने रख अपने समय में समाज में आदमीयत की तलाश करती है। चंडीदास का मानुष सत्य इन सन्तों की वाणी में अपनी सारी प्रखरता के साथ गूँजा है।

कबीर और निर्गुण धारा की सन्त परम्परा की सबसे बड़ी देन यही है कि उसने मनुष्य और मनुष्य के बीच फर्क करने वाली बड़ी से बड़ी शक्ति का विरोध किया। उसने एक ऐसी मानव संस्कृति की परिकल्पना हमारे सामने रखी जो आज भी भले ही हमारे लिए काम्य बनी हुई हो, किन्तु जिसकी ओर बढ़ता हुआ मनुष्य का एक-एक चरण ऐसी हजार यात्राओं से बढ़कर है जो कुछ मनुष्यों के द्वारा कोटि-कोटि मनुष्यों को कुचलते हुए अपनी शक्ति तथा वैभव का विस्तार करने के लिए की जाती रही हैं। एक मानव धर्म, एक मानव समाज तथा एक मानव संस्कृति का सपना ही इन क्रान्तद्रष्टा सन्तों की विरासत है जो आगामी पीढ़ियों के लिए बड़ी मशक्कत के बाद उन्होंने सुलभ की है।

क्रान्तद्रष्टा कबीर का सपना जरूर अभी साकार नहीं हुआ, पर वह मृत भी नहीं हुआ है। इतिहास के चरण जिस दिशा में बढ़ रहे हैं, उन्हें देखते हुए कहा जा सकता है कि आगामी शताब्दी कबीर की शताब्दी होगी। और तब कबीर समाज तथा शासन के महाप्रभुओं के शाप से भी मुक्त होंगे। और तब उस नये मानव के तथा उस नयी मानव संस्कृति के शिल्पियों के संरक्षण में, जिनका सपना वसीयत के रूप में कबीर ने उन्हें दिया है, कबीर की शताब्दी आयोजित होगी। कबीर तभी अपने सारे निहितार्थ के साथ, अपनी समूची वास्तविकता में, अपनी समग्रता में, पहचाने जायेंगे। अभी मंजिल दूर है किन्तु कबीर की सन्तति के चरण उस ओर बढ़ रहे हैं। पायी हुई वसीयत को सहेजे वह बड़ी आस्था के साथ अपने अभियान पर है।

अध्याय चार

नानक निरंकारी

अपनी 'राष्ट्रीय संस्कृति' शीर्षक किताब में आबिद हुसैन ने भारतीय सांस्कृतिक जीवन में गौतम बुद्ध के आविर्भाव के बारे में जो कुछ लिखा है, वह लगभग नानक पर भी ज्यों का त्यों लागू होता है। आबिद हुसैन लिखते हैं :

> फिर एक महात्मा का आविर्भाव हुआ जिनके हृदय में मानव मात्र के लिए प्रेम था और जिसका अन्तर प्राणि मात्र के प्रति संवेदनाओं से स्पन्दित था। भारत का धार्मिक मानस गौतम बुद्ध में मूर्तिमन्द हुआ। उन्होंने दार्शनिकों के अगम, अपार, चिन्तन, पुरोहितों के अन्धविश्वास, कर्मकाण्ड का विरोध किया। जातीय पूर्वाग्रहों और सामाजिक भेदभाव के विरुद्ध आवाज उठाई, और प्रेम एवं मातृभाव का, नैतिक सरलता और आत्मसंस्कार का सन्देश दिया। इन्होंने धार्मिक सुधार का आन्दोलन शुरू किया जिसके बाद को एक स्वतन्त्र विश्वधर्म का रूप ले लिया। (राष्ट्रीय संस्कृति, 26)

सच पूछा जाये तो समाज, धर्म और दर्शन की अतिवादी और एक स्तर पर अमानवीय भूमिका पर आधारित संकीर्ण संस्कृति के जिस विरोध की परम्परा गौतम बुद्ध ने प्रारम्भ की थी, नानक कतिपय अर्थों में उसी की एक मजबूत कड़ी थे। यही नहीं, जिस प्रकार तत्कालीन सामाजिक और धार्मिक विसंगतियों एवं उनकी अतिचारी व्यवस्थाओं से मनुष्य को मुक्त करने का संकल्प लेकर गौतमबुद्ध एक ठोस रचनात्मक कार्यक्रम एवं स्पष्ट दिशा-निर्देश के साथ रूढ़ियों का व्यूह चीरते हुए सामने आये थे, नानकदेव के बारे में भी ऐसा ही कहा जा सकता है।

गौतम बुद्ध के आविर्भाव के काफी बाद भारत के धार्मिक-सांस्कृतिक जीवन में एक युगान्तरकारी घटना घटित हुई थी और वह है मध्यकाल में एक महान और विराट भक्ति-आन्दोलन का आविर्भाव। भक्ति-आन्दोलन का लक्ष्य एकदम वैसा ही नहीं था जैसा कि गौतम या महावीर जैसे धर्म प्रवर्तकों का, फिर भी जड़ और रूढ़ हो गये धर्म तथा समाज व्यवस्था का विरोध करते हुए उसे उदार और मानवीय रूप देने तथा वर्ग, वर्ण, धर्म और सम्प्रदाय जैसी नकली और कृत्रिम भेद की दीवालों

को ढहाकर भक्ति का द्वार मनुष्य मात्र के लिए सुलभ करने और समाज के निचले से निचले तबके के लोगों में एक आत्मविश्वास भरने में उसकी भूमिका को क्रान्तिकारी कहा जा सकता है।

हम कह चुके हैं कि मध्य युग में इस्लाम की ओर से आयी चुनौती के समक्ष भारतीय सामाजिक जीवन को दृढ़ता के साथ खड़े रह सकने की शक्ति इस भक्ति-आन्दोलन से मिली। सगुण और निर्गुण, भक्ति की इन दोनों ही धाराओं ने अपने-अपने तरीके से साधारण जन को आध्यात्मिक परितृप्ति प्रदान की। कबीर, जायसी, सूर और तुलसी, मीरां और रैदास, नानक और दादू सब ने भक्ति की इस विराट स्रोतस्विनी को समृद्ध और सम्पन्न किया, जिसके जल से युगों से तापित और शापित जन साधारण की छाती को सींचा और शीतल किया।

भारतीय सामाजिक जीवन तथा भारतीय धर्ममतों के समक्ष इस्लाम की ओर से जो चुनौती आयी थी वह शायद अब तक की सबसे कठोर चुनौती थी जिसने पूरे भारतीय सामाजिक तथा धार्मिक जीवन को झकझोर कर रख दिया। यों तो मुसलमानों के आक्रमण सिन्ध और भारत के सरहदी इलाकों में 712 ई. से ही होने लगे थे परन्तु इस्लामी शासन के अन्तर्गत भारत वस्तुतः 1206 ई. में गुलाम वंश और उसके बाद दिल्ली सल्तनत की स्थापना से आया, और यही वह समय है जब प्रथम बार भारतीयों का सीधा साक्षात्कार उस इसलाम में हुआ, आचार्य हजारी प्रसाद द्विवेदी के शब्दों में जिसके एक हाथ में कृपाण थी और दूसरे में मानवजाति की समानता के आश्वासन का अमृत वरदान। इस्लाम के आगमन ने भारतीय सामाजिक जीवन को और भी रूढ़िबद्ध किया, उसे फिर से संगठित होने की और इस प्रकार बाहरी दबाव से अपनी रक्षा करने की प्रेरणा दी। कालान्तर में, लम्बे समय तक हिन्दू और मुसलमानों के साहचर्य ने सामाजिक तथा सांस्कृतिक भूमि पर एक प्रकार के सामंजस्य को भी जन्म दिया और गोकि कट्टरपंथी मुसलमानों के लिए हिन्दू काफिर और कट्टरपंथी हिन्दुओं के लिए मुसलमान म्लेच्छ बने रहे, जहाँ तक साधारण हिन्दू और मुसलमान जनता का सवाल है, वह एक-दूसरे के निकट आयी और जिस भक्ति-आन्दोलन का जिक्र हमने ऊपर किया है, उसने इस प्रक्रिया को और भी तेज किया।

जहाँ तक भक्ति-आन्दोलन की निर्गुण धारा का सवाल है, कबीर के अपने विवेचन में हम कह चुके हैं कि निर्गुण सन्तों ने बहुत आगे बढ़कर हिन्दू-मुसलमान, सवर्ण-असवर्ण, स्त्री-पुरुष आदि के भेद को मिटाकर भक्ति के लिए सबको समान अधिकारी माना और वह जमीन तैयार की जिस पर वर्ग, वर्ण, सम्प्रदाय तथा धर्मनिरपेक्ष एक सहज मानव धर्म की प्रतिष्ठा हो सके। इन निर्गुण सन्तों ने सबसे कड़ी चोट हिन्दू और इस्लाम धर्ममतों के बाह्याचारों पर की, उनकी संकीर्ण तथा संकुचित आस्थाओं पर की। वर्णाश्रम धर्म के कर्णधारों से उन्होंने सीधे प्रश्न किया

कि जब एक ही मूल से सब किसी की उत्पत्ति है, और उस ज्योति की कल्पना सर्वत्र एक समान की जाती है, तो फिर ब्राह्मण और शूद्र का पृथक् होना कहाँ सिद्ध है? जब सभी मानवों की उत्पत्ति एक समान होती है, और कोई भी किसी धर्म विशेष के चिह्न लेकर नहीं जन्म लेते तो वे भिन्न कैसे हुए? इसी प्रकार उन्होंने इस्लाम के ठेकेदारों से भी रोजा, नमाज, सुन्नत तथा जिबह का अर्थ पूछा और उन्हें उनकी संकीर्णताओं के लिए फटकारा। कहने की जरूरत नहीं कि इन्हीं निर्गुणसन्तों में एक नानक थे जिनकी वाणी हिन्दुस्तान के पंजाबी जैसे सरहदी इलाके में पूरे जोर से गूँजी।

पिछली पंक्तियों में हमने कबीर के बारे में विशेष कुछ लिखा है। वस्तुतः जो काम कबीर ने गंगा-यमुना के मैदानी इलाके में, काशी में रहकर सम्पन्न किया, नानक ने उसे पंजाब प्रदेश में किया। कबीर के सामने था कट्टरपंथी पण्डित वर्ग, संकीर्ण मुल्ला-समाज तथा उनसे त्रस्त कोटि-कोटि साधारण जनता जो सामाजिक जीवन की विसंगतियों का सबसे अधिक शिकार बनी थी, और नानक के सामने था पंजाब का साधारण जन जिस पर इस्लाम का दबाव सबसे अधिक पड़ा था। इस्लाम धर्म और संस्कृति को इस जन ने शायद सबसे अधिक निकटता से देखा और पहचाना था। इस्लाम पंजाब से होकर ही भारत आया था और इस नाते स्वभावतः मुसलमानों का एक बड़ा अंश पंजाब की अन्नपूर्णा धरती पर बस गया था।

यही नहीं, पंजाब उस समय सूफी साधकों और फकीरों का भी एक प्रसिद्ध केन्द्र था। बाबा फरीद, अताउल हक, जलालुद्दीन बुखारी, मखदू जहानियां, शेख इस्माइल बुखारी, ऐसे ही सूफी साधकों तथा फकीरों के प्रतिनिधि हैं, जो साधारण जनता के बीच इश्क हकीकी का प्रचार करते हुए राम और रहीम की एकता को सुलभ बना रहे थे। एक उच्च कुलोत्पन्न हिन्दू होने के नाते, चूँकि नानक हिन्दू धर्म के उदार-अनुदार दोनों पक्षों से परिचित थे, साथ ही इस्लाम के तत्कालीन प्रमुख केन्द्र पंजाब से सम्बद्ध होने के नाते उसकी संकीर्णता तथा उदारता से भी वाकिफ थे, अतएव नानक को अपना पथ चुनने तथा लक्ष्य निर्धारित करने में विशेष कठिनाई नहीं हुई।

उन्होंने कबीर की भाँति अनुभव किया कि ये दोनों ही मत अपनी आधारभूत कुछ कट्टरताओं के कारण साधारण जनता को जीवन का सहज पथ दिखाने में समर्थ नहीं हैं, यही कारण है कि अपने को 'ना हिन्दू ना मुसलमां' घोषित करते हुए, तथा उस परम सत्ता का अंश मानते हुए जो खुद भी 'ना हिन्दू ना मुसलमां' थी, नानक सामने आये और उस नये मानव धर्म की प्रतिष्ठा की, जो सिख धर्म के नाम से विख्यात हुआ। कबीर और नानक द्वारा प्रवर्तित मानव धर्मों में मूलभूत अन्तर, उसे मूलभूत न कहकर महत्त्वपूर्ण भी कह सकते हैं, यह है कि जहाँ कबीर का मानव धर्म एक स्तर पर हिन्दू, इस्लाम तथा सूफी दार्शनिकता से और

हठयोगियों के योग से कमोबेश प्रभावित माना गया है, वहाँ नानक के यहाँ वह सब प्रकार की दार्शनिक गुत्थियों से अलग, अत्यन्त सहज तथा सरल है।

हिन्दू, इस्लाम तथा सूफी तत्त्व उनके धर्म में है पर वे सब उसे और भी सरल तथा सहज ही बनाते हैं। उदाहरण के लिए, हिन्दुओं से उन्होंने पुनर्जन्मवाद, माया और मोक्ष जैसे तत्त्व एवं अरदास और नाम सुमिरन जैसी बातें ग्रहण कीं, इस्लाम से उसका एकेश्वरवाद, जिसका सम्बन्ध कुछ लोग औपनिषदिक अद्वैतवाद से भी जोड़ते हैं तथा सूफियों से उनका प्रेमतत्त्व लिया। गौतम बुद्ध के धर्म ने उन्हें सामाजिक संगठन का विचार दिया और इन सारी बातों का समन्वय न करते हुए, वरन् उन्हें प्रेरणास्रोत मानते हुए उन्होंने अपने नये धर्म की नींव रखी।

नानक के धर्म की सबसे बड़ी विशेषता उसकी आवश्यक सैद्धान्तिकता के ऊपर उसकी प्रशस्त व्यावहारिकता है। बुद्ध की भाँति उनका विचार भी था कि परमतत्त्व पर दार्शनिक चिन्तन करने की बजाय प्रमुख समस्या मानवीय जीवन में व्याप्त दुख, असन्तोष पीड़ा और संत्रास पर विचार करने की है और उन्हें दूर करने की है। क्योंकि जहाँ तक परमतत्त्व का प्रश्न है उसके सम्बन्ध में तो यही कहा जा सकता है कि 'सोचै सोचि न होवई जे सोची लखबार', जो परम सत्य स्वरूप, कर्त्ता पुरुष, निर्भय, निर्वैर, अकाल, अयोनि और स्वयंभू है, मानव बुद्धि उसके बारे में सोच-विचार करके अन्तिम निर्णय ले ही कैसे सकती हैं? उसका तो अनुभव किया जा सकता है, सच्चे गुरु द्वारा प्रदर्शित एक सच्चे सहज पथ पर चलते हुए, आत्म-संस्कार और चरित्र बल द्वारा सच्चे मन से उसका नाम लेते हुए, एक निष्कंप आस्था के साथ उसकी इच्छा और कृपा पर अपने को निछावर कर देने से, और यही वे बातें हैं जिन पर उन्होंने अपना ध्यान सबसे अधिक केन्द्रित किया। वस्तुतः यहाँ नानक कबीर के चिन्तन के निकट हैं और कबीर हों या नानक, परमतत्त्व के बारे में उनके विचार उसी दार्शनिक मानसिकता को सामने लाते हैं जो विरासत में उन्हें मिली थी। धर्म और अध्यात्म से उन्हें पृथक् नहीं किया जा सकता। देखने की बात यह है कि अपनी सारी आध्यात्मिकता के बीच ये सन्त सामाजिक जीवन में कहाँ तक अपने को यथार्थ सन्दर्भों से जोड़े रख सकें और सामाजिक जीवन को उन्होंने कहाँ तक उसकी विसंगतियों के साथ पहचानते हुए परिष्कृत किया, उसे सही तथा सच्ची नैतिकता की ओर अग्रसर किया।

सत्य को नानक ने सबसे ऊँचे जीवन मूल्य के रूप में प्रतिष्ठा दी। सत्य से भी ऊपर यदि उन्होंने किसी चीज को माना तो केवल सच्चे जीवन को, सच्चे आचरण को। उन्होंने अपने खुद के आचरण के द्वारा अपनी कही एक-एक बात को प्रमाणित किया। अनुगामियों के लिए इससे बड़ा सम्बल और क्या हो सकता था कि वे जिसका अनुगमन कर रहे हैं, वह स्वयं अपने जीवन के एक-एक क्षण को अपने विचारों की कसौटी पर कस कर उनकी सार्थकता प्रमाणित कर रहा है।

नानक के रूप में उन्हें एक ऐसा रहनुमा दिखाई पड़ा जो केवल उन्हें उपदेश ही नहीं दे रहा था, उन पर खुद अमल भी कर रहा था।

नानक के धर्म की एक अन्य विशिष्टता उसकी प्रवृत्तिमूलक दार्शनिकता है। नानक ने भी अपने धर्म का रास्ता संसार के बीच से ही निकाला, उसके लिए वैराग्य की आवश्यकता नहीं समझी। उनके द्वारा प्रतिपादित लक्ष्यों को आदमी संसार की टेढ़ी-सीधी पगडंडियों पर चलते हुए अपने समस्त सांसारिक कर्त्तव्यों का निर्वाह करते हुए, महज सच्चे आचरण द्वारा पा सकता था। नानक के लिए जितना सत्य परमतत्त्व था, उतना ही सत्य उसके द्वारा निर्मित यह संसार तथा उसके सुख-दुख। अपने अनुगामियों से इसीलिए उन्होंने बार-बार कहा कि संसार और घर-गृहस्थी से विमुख न होते हुए भी वे उसकी साधना कर सकते हैं। ऐसी बात उनके कुछ समानधर्माओं ने भी कही थी पर वे किसी न किसी अंश में जीवन की क्षणभंगुरता से प्रभावित भी थे, और त्याग तथा वैराग्य के प्रति उनके मन में आसक्ति भी थी, उसे वे श्रेष्ठ मानते थे, जबकि नानक इस तथ्य के अपवाद थे। अपने धर्म का रास्ता ठेठ जीवन के बीच से उन्होंने निकाला था। समता तथा सेवा-भाव को इसीलिए अपने धर्म में उन्होंने इतना महत्व दिया था। सूफियों के प्रेम-तत्त्व को भी उन्होंने नये अर्थ के साथ अपने धर्म में शामिल किया। इसे हम उनकी नारी सम्बन्धी विचारधारा में देखते हैं, निर्गुण सन्तों में सबसे विशिष्ट है।

नारी, नानक के लिए, न तो ठगिनी है, न माया, और न मोक्ष के मार्ग की बाधा, जैसा कि निर्गुण मत के अनेक सन्तों के यहाँ उसे ऐसा माना गया है। नारी का स्थान नानक के यहाँ सर्वोच्च है। उसे नानक पूज्य मानते हैं, उसके माता तथा जननी रूप को नया अर्थ तथा नये सन्दर्भ देते हैं। इस बारे में उनकी मान्यता है, 'स्त्री से ही मनुष्य जन्म लेता है, स्त्री के ही उदर में प्राणी का शरीर निर्मित होता है। स्त्री से ही सगाई और विवाह होता है। स्त्री के ही द्वारा अन्य लोगों से सम्बन्ध जुड़ता है और स्त्री से ही जगत की उत्पत्ति का क्रम चलता है। एक स्त्री के मर-खप जाने पर दूसरी स्त्री की खोज की जाती है। स्त्री ही हमें सामाजिक बन्धन में रखती है। ऐसी स्थिति में उस स्त्री को बुरा क्यों कहा जाये जिससे बड़े-बड़े राजागण जन्म लेते हैं? स्त्री से ही स्त्री उत्पन्न होती है। इस संसार में कोई भी प्राणी स्त्री के बिना उत्पन्न नहीं हो सकता। (नानक वाणी, आसा की वार, सलोक 41)

सच्चे भक्त और परमात्मा के बीच आदर्श सम्बन्ध की व्याख्या करते हुए भी नानक ने नारी के उस चरम प्रेम का उदाहरण सामने रखा जिससे प्रेरित होकर ही वह अपने प्रियतम के समक्ष सारी लज्जा छोड़ अपना सर्वस्व अर्पित कर देती है। परमतत्त्व के प्रति भक्त के ऐसे ही समर्पण के आकांक्षी नानक थे। नानक के नारी सम्बन्धी इस दृष्टिकोण के मूल में वे सामाजिक मान्यताएँ हैं जो नारी को उनके अपने समय और समाज में हेयदृष्टि से देखती थीं। नानक अन्य शोषित वर्गों के

समान नारी की भी सामाजिक मुक्ति के आकांक्षी थे। उन्होंने उन सारी मान्यताओं का कड़ा विरोध किया जो नारी की सामाजिक मुक्ति में बाधास्वरूप थीं।

नानक सन्तों की उस परम्परा में अग्रणी थे जिसका लक्ष्य एकान्त भक्ति न होकर राजनीतिक, सामाजिक तथा सांस्कृतिक अभ्युत्थान था। वे अपने समय के एक-एक तेवर के प्रति सजग और सक्रिय थे। तत्कालीन राजनीति, धर्म और समाज की सारी अमानवीयता को उन्होंने खुली आँखों देखा था और उसका विरोध किया था। वे उसके प्रति विक्षुब्ध ही नहीं, विद्रोही भी हो उठे थे। मूलतः वे शान्त और सौम्य प्रकृति के थे परन्तु युग की अनीति पर उन्होंने जो टिप्पणियाँ की हैं, वे उनके हृदय के भीतर छिपी उस आग को भी प्रत्यक्ष करती है जो विद्रोह की आग थी। अपने समय पर टिप्पणी करते हुए उन्होंने कहा था, 'इस समय राजे सिंह के समान हिंसक तथा चौधरी (मुकद्दम) कुत्ते के समान लालची हो गये हैं। वे सोती हुई प्रजा को जगाकर उसका मांस भक्षण कर रहे हैं आदि आदि। इसी प्रकार एक अन्य स्थान पर उन्होंने कहा है, 'कलियुग छुरी है, राजे कसाई। धर्म अपने पंखों पर न जाने कहाँ उड़ गया है? झूठ रूपी अमावस्या है। सत्य का चन्द्रमा कहाँ उदय हुआ है?' उन्होंने भी कबीर की भाँति हिन्दू और मुसलमान दोनों को उनकी संकीर्णता तथा बाह्याचार के लिए फटकारा है। हिन्दुओं के लिए उनका कहना है, 'पुस्तकें पढ़ते हैं, सन्ध्या करते हैं, किन्तु उस सन्ध्या के वास्तविक रहस्य को नहीं समझते। पाण्डित्य प्रदर्शन के निर्मित वाद-विवाद में रत रहते हैं। पाषाण की पूजा करते हैं और बगुले की भाँति समाधि लगाते हैं' आदि आदि। मुसलमानों के लिए उनका कहना है, 'मुसलमान, काजी और हाकिम हैं तो मनुष्य भक्षी और रिश्वतखोर, पर पढ़ते हैं नमाज' आदि आदि।

वस्तुतः जिस एक बात पर उन्होंने सबसे ज्यादा बल दिया है वह है सच्चा जीवन तथा सच्चा आचरण। ब्राह्मणों को सम्बोधित करते हुए उनका कहना था, 'वह जनेऊ जिसकी कपास दया हो, जिसका सूत सन्तोष हो, जिसकी गाँठ संयम हो, हे पण्डित, यदि तुम्हारे पास इस प्रकार का जनेऊ हो, तो मेरे गले में पहना दो। ऐसा जनेऊ न तो टूटता है, न गन्दा होता है, न जलता है, और न कभी नष्ट होता है। हे नानक, वे मनुष्य धन्य हैं जो अपने गले में ऐसा जनेऊ पहनकर परलोक जाते हैं।' मुसलमानों को उनकी सलाह थी, 'प्राणियों के ऊपर दया भाव को मस्जिद बनाओ, और श्रद्धा को मुल्ला। हक की कमाई को कुरान और बुरे कर्मों के प्रति लज्जा को सुन्नत मानो। शील-स्वभाव को राजा बनाओ, हे भाई, इस विधि से मुसलमान बनो' आदि आदि।

जो नानक इतने सेक्यूलर, इतने असाम्प्रदायिक और इतने मुक्त हैं उन्हें धर्म विशेष की चौहद्दियों में बाँधने की कोशिश की जाती है। इसे विडम्बना न कहा जाये तो और क्या कहा जाये? ऊपर से अपने को धर्मनिरपेक्ष बनाने वाले, पर

आत्मा में कहीं न कहीं हिन्दूपन लिये अनेक विद्वान नानक पर चर्चा करते समय हरसम्भव तर्क से इस बात को प्रमाणित करते हैं कि नानक मूलतः हिन्दू परम्परा के ही सन्त थे। अधिक से अधिक उनका लक्ष्य हिन्दू धर्म के रूढ़िगत स्वरूप का परिष्कार था। अपनी बात के समर्थन में उन बातों का हवाला देते हैं जो नानक को हिन्दू धर्म से जोड़ती हैं, मसलन, नानक ने वेदों का तिरस्कार नहीं किया, वे अथर्ववेद या ईरानी वेद को मानते थे, उनका पुनर्जन्म, माया और मोक्ष पर विश्वास था, उनका एकेश्वरवाद इस्लामी एकेश्वरवाद नहीं है, आदि आदि। इसी प्रकार अपने को सजग रूप से सेक्यूलर सिद्ध करने वाले उतने ही सजग रूप से अपने हिन्दूपन का निषेध करते हुए यह कहते देखे जाते हैं कि नानक ने हिन्दू धर्म से भिन्न रास्ता अपनाया था, और उनका एकेश्वरवाद इस्लामी एकेश्वरवाद ही है। कुछ लोग तो नानक को मुसलमान और सूफी तक कह देते हैं।

इसी प्रकार ऐसे विद्वान भी हैं जो नानक को हिन्दू, इस्लाम, किसी भी दायरे में न रखकर उसे उस सिख धर्म के दायरे में ही रखना चाहते हैं जिसका प्रवर्तन नानक ने किया था और जो हिन्दू तथा इस्लाम से पृथक् एक स्वतन्त्र धर्म है। कहने का तात्पर्य यह कि नानक की मूलवर्ती धार्मिक चेतना को भुलाकर उन्हें संकुचित धर्मों की सीमित चौहद्दियों में बाँधने का प्रयास किया जाता है, उनकी प्रशस्त मानवीय दृष्टि को झुठलाया जाता है, और उनके व्यापक इरादों को भी विस्मृत किया जाता है।

सच पूछा जाये, तो इस प्रकार के सारे विद्वान कहीं न कहीं हिन्दू, मुसलमान या सिख साम्प्रदायिकता के घेरे में ही सोचते-समझते हैं। सवाल है कि कौन सा वह हिन्दू, इस्लाम या सिख धर्म है जिसमें नानक सरीखे सन्तों की प्रशस्त चेतना को सीमित किया जा सकता है। यदि नानक को किसी धर्मविशेष का परिष्कार ही करना था तो सवाल है कि उन्होंने एक नया रास्ता अपनाया ही क्यों? और कहाँ है आज वह सिख धर्म, जिसका पवर्तन नानक ने किया था? वस्तुतः कोई भी धर्म हो, कालान्तर में वह उसके अनुयायियों के द्वारा सम्प्रदायबद्ध कर ही दिया जाता है, उसकी नींव कितने ही गहरे तथा प्रशस्त आधारों पर क्यों न टिकी हो।

हिन्दू, इस्लाम, ईसाई, सिख, बौद्ध तथा जैन, सभी धर्मों के बारे में हम आज ऐसा ही देख सकते हैं। जिस आचरण की शुद्धता तथा सच्चाई पर विभिन्न धर्मों को खड़ा किया जाता है, वह आचरण तथा वैसा सच्चा जीवन कहाँ मिलता है? अतएव जरूरी है कि धर्मभावना को सम्प्रदायों की सीमा से उबारकर व्यापक मानवीय जमीन प्रदान की जाये जो तमाम सारे धर्मों के प्रवर्तकों का वास्तविक उद्देश्य था। आज तो सारे धर्म महज किताबी हो गये हैं, और दुनिया है कि ज्यों की त्यों अपनी राह पर आगे बढ़ती जा रही है। उस सच्चाई और इंसानियत को देशनिकाला दे दिया गया है, जो सन्तों को सबसे ज्यादा प्रिय थी। सात्विक और

सरल जीवन की बातें किन्हीं खास अवसरों की चीजें बनकर रह गयी हैं।

ऐसी स्थिति में सवाल उठता है कि नानक या किसी भी सन्त को किसी खास धर्म की चौहद्दी में क्यों बाँधा जाये? याद आता है नानक का जवाब जो उन्होंने मक्का में मुसलमानों के द्वारा यह पूछे जाने पर दिया था, कि हिन्दू और मुसलमान में कौन बड़ा है? नानक ने कहा था, 'हिन्दू और मुसलमान अपने में बड़े-छोटे नहीं हैं। जो जैसे कर्म करेगा, उन्हीं के अनुरूप छोटा या बड़ा होगा।' नानक का यह कथन प्रत्येक धर्मावलम्बी पर ज्यों का त्यों लागू होता है। नानक उसी मानव धर्म के प्रतिष्ठापक तथा अनुयायी थे जिसके कि कबीर या दूसरे सन्त। कोई कालूचंद खत्री के पुत्र नानक की बात करे तो करे, कोई उसे एक नये सिख धर्म का प्रवर्तक कहे तो कहे, नानक की सही पहचान तो वह है जो उन्हें नानक निरंकारी के रूप में सामने लाती है, और जहाँ वे मात्र मनुष्य धर्म के हिमायती और पैरोकार के रूप में सामने आते हैं।

यह वह मानव धर्म है जो ज्यों की त्यों चलती, निरन्तर बदरंग होती हुई इस दुनिया में भी अपने वास्तविक अनुयायी को इसलिए हताश नहीं होने देता कि कम से कम दुनिया चल रही है, अन्यथा कब की रसातल में पहुँच गयी होती। जो बीज इन सन्तों ने इस दुनिया में डाले हैं, सम्भव है, उनका कोई अंकुर कभी फूट भी उठे और धरती को उस प्रकार हरा-भरा बना दे जैसा कि वे चाहते थे। विजय कभी भी और किसी के भी सद्प्रयासों की हो, वह जब होगी, और जरूर होगी, तो सच्चे और सही मानव धर्म का रूप ही उजागर होगा।

अध्याय पाँच

मलिक मुहम्मद जायसी

जायसी निर्गुण भक्ति की प्रेममार्गी शाखा के प्रतिनिधि तथा प्रमुख कवि के रूप में ख्यात हैं। उन्हें मध्यकालीन कवियों की पहली पंक्ति में लाने तथा एक प्रमुख (मेजर) कवि के रूप में प्रतिष्ठित करने में आचार्य पं. रामचन्द्र शुक्ल का योग सर्वोपरि है। शुक्ल जी की दृष्टि जब जायसी की कवि प्रतिभा की ओर गयी और उन्होंने जायसी ग्रन्थावली का सम्पादन करते हुए उन्हें प्रथम श्रेणी के कवि के रूप में पहचाना, उसके पहले जायसी को इस रूप में नहीं देखा और सराहा गया था।

निस्सन्देह, जायसी को विस्मृति तथा अधूरी और अपर्याप्त पहचान से, उबारने और उन्हें सूर-तुलसी के समक्ष प्रतिष्ठा देने का सारा श्रेय आचार्य शुक्ल को है। आचार्य शुक्ल पर अनजाने और जानबूझकर भी, कुछ लोगों ने ब्राह्मणवाद को प्रश्रय देने, संकुचित-साम्प्रदायिक दृष्टि को उभाड़ने तथा सगुण भक्ति की धारा के प्रति अनावश्यक पक्षपात बरतने का आरोप लगाया है। हम इस आरोप की तफसील में नहीं जाना चाहते, और उसकी छानबीन करते हुए उसका निराकरण भी नहीं करना चाहते, यहाँ हम महज इतना ही कहना चाहते हैं कि यदि शुक्ल जी वस्तुतः वह सब होते, तो कुछ आरोपकर्ताओं ने उन्हें सिद्ध करना चाहा है, कम से कम मलिक मुहम्मद जायसी जरूर हमारे लिए बेपहचान ही बने रहते, अपनी उस संश्लिष्ट तथा समग्र कवि प्रतिभा तथा अपनी उदार सहृदयता मानसिकता के साथ हमारे सामने न आ पाते, जिस रूप में आचार्य शुक्ल के प्रयासों के तहत, उनकी अपनी उदार मानसिकता तथा काव्य मर्मज्ञता का अवलम्ब पाकर वे आज हमारे बीच प्रतिष्ठित हैं।

हम यहाँ आचार्य शुक्ल की दृष्टिगत सीमाओं को ढकना नहीं चाहते, मूल्यांकन के सिलसिले में जब तक उनके द्वारा हो जाने वाली चूकों तथा अपनाए जाने वाले दुहरे या एकांगी मानदण्डों पर भी पर्दा नहीं डालना चाहते, कारण यह सब आचार्य शुक्ल में कहीं न कहीं, किसी न किसी स्तर पर है, और वस्तुतः उनमें भी है, जो इस प्रकार की, उनकी सीमाओं को उजागर कर सकने में सफल हुए हैं। हमारा

मूल कथन यहाँ यही है कि आचार्य शुक्ल पर संकुचित साम्प्रदायिकता तथा ब्राह्मणवाद का आरोप नहीं लगाया जा सकता, और इसका एक प्रमाण, तमाम और प्रमाणों के साथ, उनके द्वारा किया गया जायसी का मूल्यांकन, और मूल्यांकन ही नहीं, सूर और तुलसी जैसे भक्ति काल के महान रचनाकारों और भक्तों के समक्ष उनकी प्रतिष्ठा है। संकुचित-सम्प्रदायवादी दृष्टि तथा ब्राह्मणवादी मानों के तहत किसी रचनाकार का, और जायसी जैसे रचनाकार का, वह मूल्यांकन नहीं हो सकता था, जैसा कि आचार्य शुक्ल में हमें उपलब्ध है।

जायसी के लिखे तीन ग्रन्थ प्रसिद्ध हैं, 'पद्मावत', 'अखरावट' तथा 'आखिरी कलाम'। इधर 'कन्हावत' के नाम से जायसी द्वारा लिखित एक अन्य महत प्रबन्ध कृति का उल्लेख हुआ है और उसे प्रकाशित भी किया गया है। 'कन्हावत' की प्रामाणिकता पर सन्देह भी किया गया है। हम यहाँ इस सवाल की चर्चा नहीं करेंगे। हमारा इरादा जायसी की मान्य कृतियों का विवेचन विश्लेषण करना भी नहीं है। प्रस्तुत निबन्ध में हम कुछ ऐसे मुद्दों की चर्चा करना चाहेंगे जो एक बड़े कवि के रूप में हमें जायसी की पहचान कराते हैं तथा जिनके नाते जायसी अपने रचनाकाल के सैकड़ों वर्षों बाद भी हमें अपने लिए जरूर महसूस होते हैं, हमारी विरासत बनते हैं। इन मुद्दों का सम्बन्ध रचनाकार जायसी से भी है, और उनके भीतर के मनुष्य से भी, जो उनकी रचनाओं के माध्यम से ही हमारी पहचान के अन्तर्गत आता है।

जायसी को लेकर अब तक जो तमाम एकेडेमिक चर्चा हुई है, अर्थात् उनमें जो रहस्यवाद पाया जाता है, वह कहाँ तक भारतीय चिन्तन परम्परा का अंग है, और कहाँ तक उसमें इस्लामी प्रभाव है; जायसी जिस सूफी धर्म से सम्बद्ध थे, वह सूफी धर्म क्या है, और वह कहाँ तक इस्लाम से पृथक् है; जायसी ने जो कथाकाव्य या प्रेमकाव्य लिखा है वह समासोचित है कि अन्योक्ति; जायसी तथा कबीर के रहस्यवाद में कौन श्रेष्ठ है, आदि आदि।

हम जानते हैं कि ये बातें मूलतः एकेडेमिक बातें हैं, और जायसी की चर्चा हम जिस रूप में, और जिस नाते यहाँ करना चाहते हैं उससे इनका बहुत ज्यादा तथा सीधा सम्बन्ध नहीं है। हम जायसी की अपनी पहचान को कुछ दूसरे ही सवालों के माध्यम से उभारना चाहेंगे, क्योंकि हमारा अपना विचार है, कि शायद तभी हम आज के सन्दर्भ में जायसी को अपनी आत्मीयता की परिधि में लिये रह सकेंगे, और उन्हें अपनी, नयी रचनाकार पीढ़ी की, तथा आज के युग की, जरूरत भी बनाये रख सकेंगे। जायसी, जाहिर है कि प्रबन्धकार कवि हैं, और उनका अपनी रचना में एक धार्मिक-आध्यात्मिक मकसद भी रहा है। प्रबन्धकार कवि होने के नाते उनकी कृति, विशेषकर 'पद्मावत' में, लीक का अनुसरण भी है, अनावश्यक प्रसंग तथा उनका अनावश्यक विस्तार भी है, मतलब, बहुत कुछ ऐसा

है जो आज हमारे लिए उपयोगी नहीं है, वह कविता की भी बहुत मूल्यवान विरासत नहीं है, किन्तु इसी 'पद्मावत' में तमाम कुछ ऐसा भी है जो जायसी की बड़ी खरी तथा सशक्त पहचान भी हमें देता है तथा जिसके बीच से एक अत्यन्त उदार, सहृदय तथा अपनी जमीन में रचे-पगे कवि के रूप में जायसी हमारे सामने आते हैं।

जायसी जिस युग में हुए, वह इस्लाम की भारत विजय का युग था। इस्लाम किस प्रकार एक चुनौती बनकर भारतीय सामाजिक तथा सांस्कृतिक जीवन के बीच आया और उस चुनौती को किस प्रकार झेला गया तथा उसके फलस्वरूप भारतीय सामाजिक तथा सांस्कृतिक जीवन की चली आ रही धारा में कैसी उथल-पुथल हुई, इन बातों का विवरण इस किताब के कुछ दूसरे निबन्धों में हम दे चुके हैं। हम उस सारी चर्चा को यहाँ न दुहराते हुए महज इतना ही कहना चाहेंगे कि लम्बे साहचर्य के बाद समाज के निचले स्तर पर साधारण हिन्दू-मुसलमान जनता में एक-दूसरे के निकट आने तथा एक-दूसरे को समझने का जो भाव पैदा हुआ था, जायसी जैसे सहृदय मुसलमानों ने उस प्रक्रिया को तेज करने में मदद की, और अपनी धार्मिक आस्थाओं को कायम रखते हुए, वे इसीलिए ऐसा कर सके कि वे हृदय के उदार थे तथा तमाम सारी मजहबी तथा धार्मिक विशिष्टताओं, उसूलों तथा विधिनिषेधों के, एक ईश्वर के सत्य को स्वीकार करते थे तथा यह मानते थे कि उसे महज प्रेम के द्वारा ही पाया जा सकता है।

आचार्य शुक्ल ने यह सही कहा है कि कबीर की कठोर उक्तियाँ हिन्दू-मुसलमानों को एक-दूसरे के निकट लाने का जो कार्य आकांक्षित स्तर पर नहीं कर सकीं उसे जायसी जैसे सहृदय मुसलमानों ने सफलता के साथ पूरा किया। सेक्यूलर मानसिकता के माने यह नहीं हैं कि व्यक्ति किसी धर्म विशेष से कोई सम्बन्ध न रखे। सेक्यूलर मानसिकता के अर्थ यह हैं कि अपने धर्म पर निष्ठा रखते हुए भी व्यक्ति दूसरे धर्मों का सम्मान करे तथा अपनी धार्मिक निष्ठा को दूसरे धर्मों में निष्ठा रखने वालों से जुड़ने में बाधा न माने। जायसी, या कि उनके तत्कालीन अनेक समानधर्मा इसी अर्थ में सेक्यूलर माने जा सकते हैं। कबीर सरीखा तेजस्वी मानस जरूर उनका नहीं था, परन्तु अपने मजहब के प्रति ईमानदार रहते हुए भी उन्होंने दूसरे धर्ममतों को आदर दिया और जिसे मनुष्यता का सामान्य हृदय कहते हैं, या जिसे मनुष्यत्व की सामान्य भूमि कहते हैं, उस जमीन पर, जिससे भी मिले, मनुष्य के नाते मिले, बिना किसी फर्क या भेदभाव के मिले।

हम चर्चा जायसी के भावप्रवण, सेक्यूलर दृष्टिकोण की कर रहे थे, उसे आचार्य शुक्ल ने इस प्रकार प्रस्तुत किया है। कबीर का जो उल्लेख यहाँ है वह कबीर की आलोचना नहीं है, जायसी की सराहना जरूर है और जायसी इसके पात्र भी हैं। शुक्ल जी कहते हैं :

सौ वर्ष पहले कबीरदास हिन्दू और मुसलमान दोनों के कट्टरपन को फटकार चुके थे। पण्डितों और मुल्लाओं की तो नहीं कह सकते पर साधारण जनता राम और रहीम की एकता मान चुकी थी। साधुओं और फकीरों को दोनों दीन के लोग आदर और सम्मान की दृष्टि से देखते थे। साधु या फकीर भी सर्वप्रिय वे ही हो सकते थे जो भेदभाव से परे दिखाई पड़ते थे। बहुत दिनों तक एक साथ रहते-रहते हिन्दू और मुसलमान एक-दूसरे के सामने अपना हृदय खोलने लग गये थे जिससे मनुष्यता के सामान्य भावों के प्रवाह में मग्न होने और मग्न करने का समय आ गया था। जनता की प्रवृत्ति भेद से अभेद की ओर हो चली थी। मुसलमान हिन्दुओं की राम कहानी सुनने को तैयार हो गये थे और हिन्दू-मुसलमानों का दास्तान हमजा। ईश्वर तक पहुँचाने वाला मार्ग ढूँढ़ने की सलाह भी दोनों कभी-कभी साथ बैठकर करने लगे थे। इधर भक्ति मार्ग के आचार्य और महात्मा भगवत्प्रेम को सर्वोपरि ठहरा चुके थे और उधर सूफी महात्मा मुसलमानों को 'इश्क हकीकी' का सबक पढ़ाते आ रहे थे। (जायसी ग्रन्थावली, भूमिका, 1)

आचार्य शुक्ल इस प्रकार भक्ति-आन्दोलन के उच्छल प्रवाह का सम्बन्ध सूफियों से जोड़ते हैं और भक्ति की चेतना की उस उठान में सूफी साधकों का योग स्वीकार करते हैं जो वामाचार में रस लेने वाले या तन्त्र-मन्त्र से जनता को चकित करने तथा उसे भक्ति के सहज पथ से अलग करने वाले सम्प्रदायों द्वारा गुमराह तथा बाधित की जा रही थी। भक्ति के वैष्णवी आदर्शों का प्रभाव किस प्रकार व्यापक होता गया इसका उल्लेख करते हुए शुक्ल जी कहते हैं कि, 'हिन्दुओं और मुसलमानों दोनों के बीच साधुता का आदर्श प्रतिष्ठित हो गया था। बहुत से मुसलमान फकीर भी अहिंसा का सिद्धान्त स्वीकार करके मांस भक्षण को बुरा कहने लगे थे।' (वही, 2) जायसी के, या कि सूफी साधकों के सांस्कृतिक जीवन में प्रवेश करने की यही पृष्ठभूमि है।

आचार्य शुक्ल लिखते हैं, 'ऐसे ही समय में कुछ भावुक मुसलमान प्रेम की पीर की कहानियाँ लेकर साहित्य के क्षेत्र में उतरे।' ये कहानियाँ हिन्दुओं के ही घर की थीं। इनकी मधुरता और कोमलता का अनुभव करके इन कवियों ने यह दिखला दिया कि एक ही गुप्त तार मनुष्य मात्र के हृदयों से होता हुआ गया है जिसे छूते ही मनुष्य सारे बाहरी रूपरंग के भेदों की ओर से ध्यान हटा एकत्व का अनुभव करने लगता है। सच्ची सेक्यूलर मानसिकता यही कार्य करने में चरितार्थ होती है, और यह कार्य अपने ढंग से इन सूफी साधकों ने अपने समय में किया। कबीर ने भी यह कार्य अपने ढंग से किया, किन्तु आचार्य शुक्ल का कहना है कि कबीर की बानी हिन्दू और मुसलमानों के हृदयों को भेदभाव में पूरी तरह रहित

नहीं कर सकी। जरूरत संवेदनात्मक आधार पर, रागात्मक भूमिका पर दोनों को एक-दूसरे के निकट लाने की थी। वे कहते हैं :

> जिस प्रकार दूसरी जाति या मतवाले के हृदय है, उसी प्रकार हमारे भी है, जिस प्रकार दूसरे के हृदय में प्रेम की तरंगें उठती हैं उसी प्रकार हमारे हृदय में भी, प्रिय का वियोग जैसे दूसरे को व्याकुल करता है, वैसे ही हमें भी, माता का जो हृदय दूसरे के यहाँ है वही हमारे यहाँ भी, जिन बातों से दूसरों को सुख-दुख होता है उन्हीं बातों से हमें भी, इस तथ्य का प्रत्यक्षीकरण कुतबन, जायसी आदि प्रेम-कहानी के कवियों द्वारा हुआ। अपनी कहानियों द्वारा इन्होंने प्रेम का शुद्ध मार्ग दिखाते हुए जन सामान्य जीवन दशाओं को सामने रखा जिनका मनुष्य मात्र के हृदय पर प्रभाव दिखाई देता है। हिन्दू हृदय और मुसलमान हृदय आमने-सामने करके अजनबीपन मिटाने वालों में इन्हीं का नाम लेना पड़ेगा। इन्होंने मुसलमान होकर हिन्दुओं की कहानियाँ हिन्दुओं की ही बोली में पूरी सहृदयता से कहकर उनके जीवन की मर्मस्पर्शिनी अवस्थाओं के साथ अपने उदार हृदय का पूर्ण सामंजस्य दिखा दिया। कबीर ने केवल भिन्न प्रतीत होती हुई परोक्ष सत्ता की एकता का आभास दिया था। प्रत्यक्ष जीवन की एकता का दृश्य सामने रखने की आवश्यकता बनी थी। वह जायसी द्वारा पूरी हुई। (वही, 2)

इस प्रकार आचार्य शुक्ल ने जायसी को कबीर का पूरक माना है। शुक्ल जी का इतना लम्बा उद्धरण भी हमने इसी कारण दिया है ताकि उसके माध्यम से जायसी अपनी मूलवर्ती मानसिकता के साथ प्रथमतः पहचाने जा सकें, दूसरे आचार्य शुक्ल पर लगाए गये संकुचित साम्प्रदायिकता तथा ब्राह्मणवाद जैसे मिथ्या आरोपों की असलियत भी सामने आ सके। चिन्तन तथा विवेचना की जो जमीन यहाँ है, जाहिर है कि वह आचार्य शुक्ल की अपनी प्रामाणिक पहचान को उजागर करती है, उनकी प्रशस्त मानसिकता का ही आख्यान करती है।

बात प्रेमगाथाओं की उठ गयी है, और इस सिलसिले में जायसी के 'पद्मावत' की चर्चा का यहाँ केन्द्रीय हो जाना स्वाभाविक है। 'पद्मावत' एक प्रेमाख्यान है, और एक सूफी कवि के द्वारा लिखा गया है। जाहिर है कि जिस 'इश्क हकीकी' का जिक्र आचार्य शुक्ल ने सूफियों के प्रसंग में किया है उसकी स्थिति उसमें होगी। जायसी ने एक भी मौका नहीं छोड़ा, और जहाँ भी वे अपनी प्रेमकथा की आध्यात्मिक व्यंजना कर सकते थे, उन्होंने किया है। बहुत से लोगों के लिए इन आध्यात्मिक व्यंजनाओं का विशेष महत्त्व है; कारण, तभी जायसी को रहस्यवादी, सूफी या भक्तिमार्गी कवि सिद्ध किया जा सकता है।

किन्तु ऐसे भी लोग हैं जो जायसी को भक्त कवि मानते ही नहीं, महज प्रेमाख्यान का रचयिता ही मानते हैं। हम यहाँ इस विवाद में नहीं उलझना चाहते,

गोकि हमारे लिए भी जायसी का भक्त वाला, रहस्यवादी या सूफी रंग वाला रूप बहुत महत्त्वपूर्ण नहीं है। हम भी चाहते हैं कि सूर की भाँति, आध्यात्मिक सन्दर्भों को हटाकर महज प्रेम की, मानवीय तथा लौकिक प्रेम की कविता के रूप में जायसी की रचना को परखा जाये। और जब हम इस रूप में 'पद्मावत' की प्रेमकथा को देखते हैं तो पाते हैं कि जायसी ने 'प्रेम की पीर' को तमाम सारी लीक पीटने के बावजूद, मानवीय तथा लौकिक भूमि पर भी बड़ी सहृदयता तथा बड़ी भावुकता के साथ प्रस्तुत किया है।

'इश्क हकीकी' की बात जाने भी दें तो लौकिक तथा मानवीय भूमि पर भी जायसी द्वारा चित्रित प्रेम किसी प्रकार के 'इश्क हकीकी' से कम नहीं है, वह यहाँ भी प्रशान्त, गम्भीर, मन को भीतर तक शीतल करने वाला, आदमी को कुंदन की तरह निखार कर पेश करने वाला, सुख-दुख में सम तथा आत्मा की भीतरी गहराइयों से उपजा निष्कलुष और अकुण्ठित प्रेम है। मतलब जायसी के यहाँ भी प्रेम कोई शौकिया वस्तु नहीं है, मन बहलाने की चीज नहीं है, और गोकि सूर के प्रेम की भाँति लम्बे साहचर्य से उपजा न होकर फारसी प्रेमकथाओं तथा कुछ भारतीय प्रेमकथाओं जैसा गुणश्रवण, चित्रदर्शन आदि से उपजा तात्कालिक प्रेम है, फिर भी, जायसी के भारतीय संस्कारों ने एकान्तिक नहीं होने दिया है, और वह फारस की प्रेम गाथाओं वाले प्रेम की तरह लोक पक्ष से शून्य भी नहीं होने पाया है।

यह जायसी के प्रेमदर्शन की अपनी मौलिकता उपलब्धि है। उसकी तीव्रता तथा उसका आवेग फारस की प्रेमकथाओं जैसा ही है। परन्तु भारतीय कहानियों के तत्त्व ने उसमें गुणात्मक रूप से इजाफा किया है और उसे जीवन की नाना दशाओं के बीच से गुजारा और निखारा है। जायसी प्रेम के गूढ़ तत्त्व को समझते थे, उसके जीवनव्यापी प्रभाव से परिचित थे। प्रेम उनके लिए क्या था, यह उन्हीं के शब्दों में इस प्रकार स्पष्ट हुआ है:

प्रीति बेलि जिनि अरुझे कोई। अरुझे मुए न छूटे सोई।
प्रीति बेलि ऐसे तन डाढ़ा। पलुहत सुख, बाढ़त दुख बाढ़ा।
प्रीति अकेलि बेलि चढ़ि छावा। दूसरि बेलि न संचरै पावा।।

रत्नसेन, जो 'पद्मावत' में एक प्रेमी साधक के रूप में चित्रित हुआ है, प्रेम की इस बेल में उलझता है और उपर्युक्त पंक्तियों में कही गयी एक बात का साक्ष्य प्रस्तुत करता है। जैसा कि आचार्य शुक्ल ने प्रतिपादित किया है, जायसी ने अपने प्रेम चित्रण में फारसी तथा भारतीय प्रभाव दोनों का अच्छा मिश्रण किया है, और यह सुविधा उन्हें अपनी कथा से भी मिली है।

'पद्मावत' की कथा के स्पष्टतः दो भाग हैं। एक में, अर्थात् पहले में, कथा अधिकांशतः क्या, सर्वांशतः कल्पित है, और महज लोक में कही जाती रही है। कथा के इस अंश तक ही अपने को सीमित रखकर जायसी फारसी प्रेम पद्धति का

बखूबी निर्वाह कर सकते थे जिसके अन्तर्गत प्रेम का वेग नायक में ही दिखाई पड़ता है और वह प्रेमिका को पाने के लिए भाँति-भाँति की बाधाओं को चीरता और पार करता है। यहाँ प्रेम एकान्तिक तथा अपने में ही सिमटा हुआ बन जाता है, वह अपना साध्य स्वयं होता है, किन्तु जायसी ने कथा के परवर्ती भाग में इतिहास का आश्रय लिया है, और गोकि कल्पना यहाँ भी है, परन्तु काफी कुछ कथा इतिहासानुमोदित है। कथा के इस अंश ने 'पद्मावत' में और जो भी रचनात्मक योग दिया हो, कम से कम, जायसी की प्रेम पद्धति में एक गुणात्मक विकास उसके नाते भी आया है। कारण, न केवल प्रेमतत्त्व की व्याप्ति लोक की व्यापक भूमिकाओं की ओर हुई है, वह जीवन की नाना दशाओं तक भी व्याप्त हुआ है। सबसे बड़ी बात जो घटित हुई है, वह यह कि प्रेम का वेग नायक तथा नायिका दोनों पक्षों में सम हो गया है।

रत्नसेन बन्दी होता है, तो उसे मुक्त कराने के लिए पद्मिनी की सक्रियता भी दिखाई गयी है तथा सक्रियता ही नहीं, वह स्वयं संकटों से जूझती हुई भी सामने आयी है। यहाँ प्रेम की व्याप्ति युद्धक्षेत्र तक है, और युद्धक्षेत्र तक ही नहीं, पति के साथ एक ही चिता पर बैठकर भस्म हो जाने तक है। एक और विशेषता जिसकी ओर संकेत करना लाजिमी है, वह यह कि यह प्रेम दाम्पत्य जीवन में भी अपना प्रसार करता है और नागमती तथा पद्मावती दोनों के माध्यम से उसे ऊँचाई प्रदान की गयी है। दाम्पत्य प्रेम के चित्र शृंगारी कवियों ने प्रायः कम ही दिये हैं, और जायसी चूँकि सामान्य शृंगारी कवि न होकर प्रबन्धात्मक प्रतिभा के सन्त कवि हैं, अतएव दाम्पत्य जीवन में प्रेम की व्याप्ति दिखाकर तथा दाम्पत्य जीवन की कठिन परिस्थितियों के बीच भी उसे पूरी गहराई में उभारकर उन्होंने न केवल प्रेम के बारे में समस्त प्रकार की सतही तथा एकांगी धारणाओं का तिरस्कार किया है, नारी के व्यक्तित्व तथा अस्मिता को भी दीप्ति प्रदान की है।

आचार्य शुक्ल ने गार्हस्थिक क्षेत्र के भीतर देदीप्यमान इस प्रेम की भूरि-भूरि प्रशंसा की है, जो बिलकुल सही है। भोग के साथ-साथ इस प्रेम में त्याग का भी उतना ही ताप है और बड़े से बड़े बलिदान के लिए भी यहाँ उनके प्रेमी नायक तथा नायिका प्रस्तुत हैं। प्रेम की अनन्यता, उसकी सात्विकता के ये चित्र यदि जायसी की आध्यात्मिक आस्थाओं के तहत उपजे हैं तो भी ये स्वीकार्य हैं, और यदि ये मात्र लौकिक धरातल तक ही सीमित हैं, तो भी स्वागत योग्य हैं। सम्भव है कि प्रेम के इस प्रकार के चित्रणों में जायसी के भारतीय संस्कार अभिव्यक्त हुए हों, और सम्भव है कि आज के सन्दर्भों में वे बहुत प्रगतिशील न लगें, परन्तु तत्कालीन सन्दर्भों में, सामाजिक जीवन तथा पारिवारिक जीवन पर पड़ने वाले दबावों, उनमें व्याप्त अराजकता तथा बिखराव तथा हिन्दू-मुसलमानों के बीच कायम होते हुए सद्भाव आदि को देखते हुए उनका अपना विशेष महत्त्व है।

नागमती पद्मावती का राजा के साथ सती होना, रत्नसेन के प्रति उनके प्रेम की अनन्यता, गार्हस्थिक जीवन में पति के अभाव के फलस्वरूप आ जाने वाली रिक्तता तथा विषाद एवं पत्नी के अनन्य प्रेम की कवि द्वारा प्रशस्ति, ये सारी बातें जो दाम्पत्य प्रेम के महत्त्व तथा गरिमा को उभारती हैं, जायसी के अपने समय के सन्दर्भों में, और मात्र परकीया प्रेम को गौरवान्वित करने के तत्कालीन माहौल में, महत्त्वपूर्ण कही जायेंगी। वे आज भी अपनी सार्थकता का बहुत कुछ बरकरार रखती हैं। इस दृष्टि से नागमती के वियोग का अंश विशेष रूप से महत्त्वपूर्ण है जिसके अन्तर्गत आचार्य शुक्ल ने भारतीय दाम्पत्य जीवन की गरिमा तथा एक हिन्दू गृहिणी के अन्तर्मन के सात्विक विरह ताप का अनुभव किया है, और उसे भरपूर सराहा है।

हमने इस किताब में ही कहीं लिखा है कि शृंगार की कसौटी संयोग-चित्रण में न मानकर वियोग के चित्रण में माननी चाहिए, और वह भी इस भूमि पर, कि कोई कवि वियोग से क्षेत्र में पूरी गरिमा तथा गम्भीरता के साथ कितना टिक पाता है। इस दृष्टि से सूर ही नहीं, जायसी भी, इस कसौटी पर पूरी तरह खरे उतरते हैं, क्योंकि जायसी के यहाँ भी संयोग कम, वियोग का ही अधिक प्रसार है, तथा गहराई भी वहाँ संयोग से ज्यादा है। रत्नसेन के चले जाने पर नागमती का वियोग तो काव्य की दृष्टि से अतीव उत्तम है ही, रत्नसेन के बन्दी होने पर पद्मावती की विकलता, उसका गोरा-बादल से जाकर मन्त्रणा करना तथा रत्नसेन की मृत्यु पर दोनों रानियों का शान्त गम्भीर रूप, सब इस दृष्टि से जायसी के वियोग चित्रण को उत्तम बनाते हैं, उसे एक विशेष गरिमा प्रदान करते हैं।

इस बिन्दु पर हम कुछ चर्चा नागमती वियोग की करना चाहेंगे। आचार्य शुक्ल ने इसे हिन्दू साहित्य में अद्वितीय कहा है। यह सही है कि यह वियोग वर्णन अधिकतर परम्परायुक्त शैली में ही हुआ है, अर्थात् बारहमासे के रूप में किन्तु बावजूद परम्परा की इस लीक पर चलने के, विरहिणी के हृदयगत भावों की बड़ी कोमल तथा मार्मिक व्यंजना यहाँ हुई है। जायसी ने अपना अधिकतर ध्यान मन की वृत्तियों को, मन के अवसाद तथा क्लेश को सामने लाने में दिया है; अतिशयोक्तियों से बचते हुए (गोकि पूरी तरह बच नहीं सके हैं) उन्होंने प्रयास यही किया है कि नागमती के अन्तर्मन के उद्वेग और तड़प को ही प्रत्यक्ष करें और इस कार्य में वे दूर तक सफल हुए हैं।

विरह की स्थिति में व्यक्ति की चित्तवृत्तियों का विस्तार हो जाता है, अपने से बाहर निकलकर व्यक्ति शेष संसार को भी देखने लगता है, जायसी ने नागमती के वियोग वर्णन में उसके हृदय के इस विस्तार का भी चित्र दिया है। नागमती पशु-पक्षियों से ही नहीं, वनस्पतियों से भी अपने आन्तरिक क्लेश का कथन करती है तथा उनसे सहानुभूति तथा सहायता की अपेक्षा करती है। कालिदास से लेकर

आगे तक विरह वर्णनों में यह परम्परा चली है और जायसी ने खूबी के साथ उसका अनुसरण किया है। विरहिणी की मनोदशा की शास्त्रीय भूमिकाओं में हम नहीं जाना चाहते, किन्तु इतना अवश्य कहेंगे कि जायसी ने बड़ी गहराई में जाकर प्रियवियोग से प्रताड़ित तथा आहत नारी मन का साक्षात्कार हमें कराया है।

यह वह स्थिति है जहाँ नारी को अपने प्रिय का ध्यान एक पल के लिए भी नहीं भूलता और प्रिय के शुभ के लिए, उसकी एक झलक के लिए, उसके सामीप्य को पाने के लिए वह अपने प्राण तक निछावर करने को तत्पर रहती है। प्रेम की अनन्यता तथा निष्ठा की बात जाने भी दें, तो नागमती के वियोग वर्णन में ऐसे न जाने कितने स्थल हैं जो दाम्पत्य प्रेम को उसकी समूची गरिमा तथा मर्यादा में हमारे सामने प्रस्तुत करते हैं। उद्धरण देकर हम विस्तार नहीं करना चाहते, कारण वे लोकप्रिय और सर्वविदित हैं। हम यहाँ जायसी की उस सहृदयता को जरूर रेखांकित करना चाहते हैं जिसका प्रतिफल यह हृदयग्राही वियोग वर्णन है, और जिसकी सराहना आचार्य शुक्ल ने इस नाते विशेष रूप से की है कि उसमें हिन्दू-गृहिणी का बड़ा ही आदर्श चित्र उभरा है, पातिव्रत धर्म की बड़ी गरिमामय व्यंजना हुई है।

मर्यादावादी आचार्य शुक्ल का ऐसा सोचना लाजिमी है, और परम्परित मानसिकता भी हमें ऐसा ही सोचने को विवश करती है जिससे जायसी मुक्त नहीं थे वरन् मुसलमान होने के नाते, और हिन्दू घरों की कहानियाँ लिखने के नाते, अपने समय और अपने लक्ष्य के सन्दर्भों में विशेष सजग भी थे। पद्मावती को जिस प्रकार ईश्वर का पर्याय मानकर कथा में पेश किया गया है, (गोकि सब जगह ऐसा सम्भव नहीं हो सका है) उसे देखते हुए भी, रत्नसेन को नागमती को छोड़कर पद्मावती की तलाश में जाना अपना औचित्य रख सकता है, और नागमती के वियोग तथा उसके सारे पातिव्रत्य तथा उसकी सराहना का एक आधार बन सकता है।

फिर भी, यहाँ हम इतना जरूर कहना चाहेंगे कि भारतीय परम्परा में दाम्पत्य प्रेम को टिकाऊ बनाए रखने तथा उसे निरन्तर गरिमा देते रहने, तमाम सारे त्याग और बलिदान, तमाम सारी अनन्यता, और निष्ठा से उसे सींचते तथा मजबूत करते रहने का ठेका पुरुष वर्ग ने स्त्रियों को ही दे रखा है, वे सीता हों, यशोधरा हों, उर्मिला हों, नागमती हों या कोई और। यह परम्परा आधुनिक कहने वाले रचनाकार तक इस मानसिकता से मुक्त नहीं हैं। 'कामायनी' की श्रद्धा-युग में भी बराबर चलती आ रही है, और अपने को महा आधुनिक 'स्कंदगुप्त' की देवसेना और जिन्हें हमने महा आधुनिक कहकर संकेतित किया है, वे अज्ञेय भी (देखिए 'नदी के द्वीप' के नारी पात्रों को), इस परम्परित मानसिकता से मुक्त नहीं हैं। ऐसी स्थिति में जायसी से विपरीत की आकांक्षा करना या नारी-पुरुष की पारस्परिक

निष्ठा को रेखांकित करना अर्थात पुरुष से भी वैसी ही अपेक्षा करने की बात को सामने लाना, अतिरिक्त आग्रह होगा।

अतएव सब कुछ को यहीं छोड़कर, और चर्चा को यहीं तक सीमित कर हम यहाँ इतना ही कहना चाहेंगे कि जायसी ने इस प्रसंग में जो कुछ कहा है वे उस समय को देखते हुए वैसा ही कह और प्रस्तुत कर सकते थे। वास्तव में जिसे पातिव्रत्य कहा गया है और जिसकी हमारे यहाँ नारी से ही विशेष अपेक्षा की गयी है, उसे जायसी उस मानसिकता के तहत बड़ी गरिमा से उभार सके हैं। उनकी सहृदयता को हम इस कारण विशेष मानते हैं कि उन्होंने नागमती की साधना की सुखमय परिणति भी दिखाई है जबकि रत्नसेन पुनः चित्तौड़ आकर उससे मिलता है, और उसे मना-समझा कर उसकी आकांक्षाओं को फिर से हरा कर देता है। वह नागमती से अपने प्रेम की साखी भी देता है और 'आदर्श हिन्दू गृहिणी' या 'आदर्श भारतीय नारी' के नाते नागमती उसकी सारी बातें मानकर उससे पहले जैसा ही जुड़ जाती है।

हमारे कहने का मतलब यह है कि जायसी इस प्रसंग में दूसरे पक्ष को एकदम भूले नहीं हैं, मानिनी नारी का मान उन्होंने प्रिय के द्वारा तुड़वाया भी है। बहरहाल, जायसी ने नागमती के पातिव्रत्य को बड़ी ऊँचाई के साथ इस वियोग वर्णन में प्रस्तुत किया है। अनेक स्थलों पर वे बहुत अधिक भावुक हो उठे हैं :

> गिरि समुद्र ससि मेघ रवि, सहि न सकहिं वह आगि।
> मुहमद सती सराहिए, जरै जो अस पिउ लागि ॥

पतिव्रता सती के बारे में मुसलमान कवि जायसी यह उक्ति यदि हिन्दू मनों को अभिभूत करती है, तो स्वाभाविक ही है। दीगर तमाम सन्दर्भों को हटाकर यदि हम नागमती के विरह वर्णन को उसके प्रकृत रूप में लेते हैं तो सचमुच जायसी के भावुक कवि-हृदय का बड़ा मनोरम परिचय हमें होता है। आचार्य शुक्ल ने लिखा है कि नागमती यहाँ अपना समस्त रानीपन भूलकर एक साधारण विरहिणी स्त्री के समान अपनी व्यथा का निवेदन करती दिखाई पड़ती है, और सचमुच ऐसे स्थल हृदयग्राही हैं।

जायसी की ग्रामीण दृष्टि से बारहमासे के परम्परित रूप में भी बड़ी ताजगी ला दी है। उन्होंने प्रकृति तथा सामाजिक जीवन के निरीक्षण के क्रम में अपने को एकदम उन्हीं वर्णनों तक सीमित नहीं रखा जो प्रायः बारहमासों से मिलते चले आ रहे हैं, कहीं-कहीं उनका निरीक्षण लोकजीवन की बड़ी यथार्थ झाँकियों को सामने लाया है। लोकजीवन के हर्ष-उल्लास, अवसाद तथा विषाद के उनके द्वारा दिये गये अनेक चित्र न केवल अत्यन्त मर्मस्पर्शी हैं, उनकी पैनी दृष्टि तथा संवेदनशील हृदय का अनोखा साक्ष्य प्रस्तुत करते हैं। एक बहुत लोकप्रिय तथा प्रायः उद्धत किया जाने वाला नागमती का कथन है :

तपै लागि अब जेठ असाढ़ी। मोहि पिउ बिनु छाजनि भइ गाढ़ी।
नव तिनउर भा, झूरौं खरी। भइ बरखा दुख आगर जरी ॥
बंध नाहिं औ कंध न कोई। बात न आव कहौं केहि रोई ॥
सांठि नाहि, जग बात को पूछा। बिनु जिउ फिरै मूंज तनु छूंदा ॥
भई दुहेली टेक बिहूनी। थांभ नाहिं उठ सकै न थूनी।
बरसै मेह चुवहिं नैनाहा। छपर-छपर होइ रहि बिनु नाहा ॥
कोरौं कहां ठाठ नव साजा। तुम बिनु कंत न छाजनि छाजा।

सच है कि यह किसी रानी का अपनी दीन दशा का वर्णन नहीं है। जायसी के ग्रामीण जीवन के अपने अनुभवों में इस प्रकार के अनेक अनुभव स्वाभाविक हैं। वे ग्रामीण जीवन की दरिद्रता से, वहाँ के कलेशों से इतना अधिक परिचित थे कि उन जैसे सहृदय को इस प्रकार के वर्णनों में रानी नागमती नहीं, गाँव की कोई भी साधारण विरहिणी दिखाई पड़ सकती थी, जिसका पति परदेश में है और वर्षा ऋतु जिसके लिए संकट बनकर आयी है। केवल यही चित्र नहीं, इस वियोग वर्णन में ऐसे बहुत से चित्र हैं जो ग्रामीण जीवन के दुख-दर्द, वहाँ की विषम जीवनस्थितियों तथा उनके बीच पति से बिछुड़ी साधारण नारी की व्यथा को सामने लाते हैं। ये चित्र सचमुच मार्मिक हैं और जायसी के संवेदनशील प्रशस्त कवि-हृदय का परिचय देते हैं। आचार्य शुक्ल का यह कहना नितान्त सही है कि इस प्रकार की अन्तर्मन से सम्बन्ध रखने वाली विरह व्यथा का आशिक माशूकों के निर्लज्ज प्रलाप से कोई भी सम्बन्ध नहीं है पर यदि वे इसे हिन्दू गृहिणी की आर्त वाणी तक ही सीमित न रखकर किसी भी साधारण गृहिणी की आर्त वाणी के रूप में प्रस्तुत करते, तो अधिक सही होता। 'मनुष्यता के सामान्य हृदय' तथा 'मनुष्यत्व की समान भूमि' की बात उन्हीं की है, अतएव इस स्थल पर उसका याद हो आना स्वाभाविक ही है।

चूँकि जायसी प्रबन्धकार कवि हैं, और प्रबन्धकार कवि के लिए जरूरी है कि वह अपनी कथा के मार्मिक स्थलों को पहचाने, जायसी इस पहचान में दूर तक सफल हुए हैं। उन्होंने 'पद्मावत' की कथा यों ही नहीं कही है, काफी सलीके के साथ कही है, और कथा की मर्मस्पर्शिता बढ़ाने के लिए यत्र-तत्र अपनी कल्पना का सुन्दर प्रयोग किया है। कथा यद्यपि प्रेम कथा है, फिर भी, जैसा कि हम इंगित कर चुके हैं, जीवन की नाना दशाओं तक उसका विस्तार है। कथा में श्रृंगार रस प्रधान होने के बावजूद दूसरे रस भी यथावसर अपनी सशक्त अभिव्यंजना करते हैं। अवधी भाषा की अपनी ठेठ ग्रामीण मिठास ने इन प्रसंगों को और भी मर्मस्पर्शी बना दिया है। हम केवल एक प्रसंग को उद्धृत करना चाहेंगे, और वह बादल युद्ध गमन का प्रसंग है। बादल का गौना होकर ही आया है, नवागता पत्नी पति-सम्पर्क से भी रहित है। बादल की माता बादल को वात्सल्य से अभिभूत होकर समझाती है :

बादल केरि जसौवे भावा। आइ गहेसि बादल कर पाया ॥
बादल राय। मोर तुई बारा। का जानसि कस होइ जुझारा ॥
बादसाह पुहुमी पति राजा। सनमुख होई न हमीरहि छाजा ॥
जहाँ दलपति दलि मरहिं तहाँ तोर का काज।
आजु गवन तोर आवै, बैठि मानु सुख राज ॥

बादल की नवागता पत्नी की स्थिति को जायसी ने इन शब्दों में उभारा है :

मानि गवन सो घूंघुटु काढ़ी। बिनवै आइ बार भई ठाढ़ी ॥
तीखे हेरि चीर गहि ओढ़ा। कंत न हेर कीन्ह जिउ पोढा ॥
तब धनि बिहंसि कीन्ह सहुं दीठी। बादल ओहि दीन्हि फिरि पीठी ॥
मुख फिराइ मन अपने रीसा। चलत न तिरिया कर मुख दीसा ॥
रहौं लजाइ त पिउ चले, गहौं त कह मोहिं दीठ।
ठाढ़ि तेवानि कि का करौं, दूभर दुवौ बईठ ॥
लाज किए जो पिउ नहिं पावौं। तजौं लाज कर जोरि मनावैं ॥
करि हठ कंत जाइ जेहि लाजा। घूंघुटु लाज आव केहि काजा ॥
तब धनि बिहंसी कहा गहि फेटा। नारि जो बिनवै कंत न मेटा ॥
आजु गवन हौं आई नाहा। तुम न कंत गवनहुं रन माहा ॥
गवन आव धनि मिल के आई। कौन गवन जौ बिसुरै साई ॥
धनि न नैन भरि देखा पीऊ। पिऊ न मिला धनि सौं भरि जीऊ ॥
जहं अस आस भरा है केवा। भंवर न तजै बास रस लेवा ॥
पायन्ह धरा लिलाट धनि, विनय सुनहु हो राय।
अलक परी फंदवार होइ, कैसेहु तजै न पाय॥

बादल, माता और पत्नी को प्रबोधता हुआ युद्ध के लिए प्रयाण करता है, और युद्ध क्षेत्र में मारा जाता है। सारा प्रसंग भावगर्भित है, भावुकता से पूर्ण है, परन्तु कथा को देखते हुए तथा जायसी की सहृदयता से जुड़कर प्रभाव डालता है, और कथा को व्यापक बनाता है। युद्धक्षेत्र में शौर्य के प्रसंगों में भी जायसी तल्लीन हुए हैं। विशेषतः गोरा बादल के शौर्य की सराहना उन्होंने बड़े खुले मन से की है, और अलाउद्दीन के साथ युद्ध के प्रसंग में गोरा के शौर्य पर तो वे अभिभूत हो उठते हैं।

यह वह प्रसंग है जहाँ जायसी की सेक्यूलर मानसिकता से हमारा पुनः साक्षात्कार होता है। कथा के हिन्दू-मुसलमान चरित्रों को उन्होंने बिना किसी भेदभाव के पेश किया है। हिन्दुओं के लोक-विश्वासों, उनकी रीतियों तथा आचार-विचारों, उनकी धार्मिक-आध्यात्मिक आस्थाओं को उन्होंने विशद रूप में, सहानुभूतिपूर्वक और भरपूर सहायता के साथ चित्रित किया है। नागमती-पद्मावती के रत्नसेन की मृत्यु के उपरान्त उसके साथ सती होने के प्रसंग को जायसी ने तत्कालीन लोक-मान्यताओं तथा आस्थाओं के तहत बड़े भव्य रूप में प्रस्तुत किया

है तथा अलाउद्दीन को इतिहास के सत्य की रक्षा करते हुए चित्तौड़ पर विजय जरूर प्रदर्शित किया है, किन्तु कहा है कि चित्तौड़ उसे मिला जरूर किन्तु वह जो चाहता था वह उसे नहीं मिल सका, उसकी जगह मिली मुट्ठी भर धूल, जो उसकी या उस जैसे लोगों की औकात थी। शान्त रस का यह सन्दर्भ भी अपने में मार्मिक है—करुणा के मिश्रण ने जिसे और भी गाढ़ा कर दिया है :

सर रचि दान पुन्नि बहु कीन्हा। सात बार फिर भांवर दीन्हा ॥
एक जो भांवरि भई बियाही। अब दूसरे होई गोहन जाहीं ॥
जियत कंत! तुम हम्ह गर लाई। मुए कंठ नहिं छोड़हिं साईं ॥
औ जो गांठि, केत तुम्ह जोरी। आदि अंत लहि जाई न छोरी ॥
यह जग काह जो अछहि न हाथी। हम तुम नाह! दुहूं जग साथी ॥
लेइ सर ऊपर खाट बिछाई। पौढ़ी दुवौं कंत गर लाई ॥
लागी कंठ आउ देइ होरी। छार भई जरि अंग न मोरी ॥
वै सहगवन भई जब जाई। बानवाह गढ़ छेका आई ॥
तौ लगि सो अवसर होइ बीता। भए अलोप राम और सीता ॥
आइ साह जौ सुना अखारा। होइगा राति दिवस उजियारा ॥
छार उठाइ लीन्ह एक मूठी। दीन्ह उड़ाइ पिरिथमी झूठी ॥
जौ लहि ऊपर छार न परै। तो लहि यह तिस्ना नहिं मरै ॥
जौहर भई सब इस्तरी, पुरुष भए संग्राम।
बादसाह बढ़ चूरा, चितउर भा इस्लाम ॥

कुछ हेर-फेर के साथ चित्तौड़ विजय की यही कथा इतिहास में भी वर्णित है, परन्तु जायसी के हाथों उसे जो मानवीय संस्पर्श मिला है, वह इतिहास में दुर्लभ है। जायसी निर्विवाद रूप से बड़ी संवेदनशील प्रतिभा के कवि हैं और इस कथन के प्रमाण में प्रसंग पर प्रसंग उद्धृत किये जा सकते हैं।

यों तो जायसी और पद्मावत की चर्चा के ढेरों मुद्दे हैं पर हम अब केवल एक मुद्दे को ही रेखांकित करते हुए अपनी चर्चा का समापन करना चाहेंगे। इस मुद्दे का सम्बन्ध जायसी द्वारा चित्रित अवध प्रदेश के लोकजीवन से है जिसमें तुलसीदास के बाद निर्विवाद रूप से वे अप्रतिम हैं।

जायसी अवध प्रदेश के कवि हैं और अवधी भाषा पर उनका सहज अधिकार है। यह भाषा भावानुरूप कितनी मीठी और कितनी रुक्ष है, जायसी इसे अच्छी तरह पहचानते हैं। अवध का लोकजीवन भी कहाँ मृदु और कहाँ कठोर है, जायसी इसके भी खरे पारखी हैं। वे अवध प्रदेश की धरती से अपने लम्बे साहचर्य के नाते उसके एक-एक रग-रेशे से भली-भाँति परिचित हैं। वे मूलतः एक ग्रामीण कवि हैं, और अपनी ग्रामीण दृष्टि से ही उन्होंने रत्नसेन, नागमती, पद्मावती, अलाउद्दीन तथा उनके साथ जुड़े सारे आख्यान को देखा है। उनकी सारी कल्पना उनका सारा

निरीक्षण, वह जीवन का हो या प्रकृति का, मनुष्य से सम्बन्धित हो या मानवेतर हो, उनकी निपट ग्रामीण दृष्टि का ही साक्ष्य देता है। उनकी भाषा ही नहीं, उनके उपमान, कथा कहने की उनकी शैली, पात्रों की मनोवृत्तियों को थाहने-पहचानने का उनका तरीका, सब कुछ, उनके ठेठ ग्रामीण अन्दाज को ही सूचित करता है।

वे बहुश्रुत ही नहीं, काफी घूमे-फिरे व्यक्ति भी थे, और जिस जनता से उनका निरन्तर साबका पड़ता रहा होगा वह भी राजमहलों की तथाकथित जनता न होकर साधारण जनता ही रही होगी, कारण उन्हें लोक चित्त की जो इतनी खरी पहचान है, वह साधारण जनता के साथ उनके नितान्त आत्मीय तथा घनिष्ठ सम्बन्ध का ही प्रतिफल हो सकती है, अन्य कहीं से जायसी उसे नहीं पा सकते थे। लोक-जीवन की गहराइयों में जायसी की यह पैठ ही कवि के रूप में उनकी सबसे बड़ी पँजी बनकर सामने आयी है। 'पद्मावत' भले ही राजमहलों में बसने वालों की प्रेमकथा हो, जायसी के यहाँ उनका 'ट्रीटमेंट' विशुद्ध लोकजीवन से पाये अनुभवों से जुड़कर हुआ है, तभी तो आचार्य शुक्ल कहते हैं कि वियोग-प्रसंग में नागमती अपना रानीपन भूल जाती है। वस्तुतः यह जायसी हैं जो उसके रानीपन को भूल जाते हैं और अपने देखे हुए और भोगे हुए को सामने सजीव करते हैं।

अवध की प्रकृति अपनी सम्पूर्ण सुषमा के साथ 'पद्मावत' में मूर्त है। नागमती के वियोग वर्णन में उसका घनीभूत रूप उभरकर सामने आया है, गोकि अन्य प्रसंगों में भी वह हमेशा विद्यमान है। अवध की एक-एक वनस्पति ही नहीं, पशु-पक्षी भी वहाँ मौजूद हैं। वहाँ के फल-फूल, वहाँ के लोगों द्वारा इस्तेमाल किया जाने वाला अनाज, उनके दैनंदिन जीवन में काम में आने वाली एक-एक चीज, एक-एक औजार, विशेषतः कृषि के औजार, सब जायसी के 'पद्मावत' में हैं और यही नहीं, कि उनके बस नाम गिना दिये गये हैं, जायसी उनसे भीतर तक परिचित हैं। कौन पक्षी कब बोलता है, कैसे बोलता है, उसकी बोली मीठी है अथवा रूखी, जायसी सब जानते हैं। अवध के तिथि-त्योहार, खेल-कूद, उत्सव-पर्व, वहाँ के निवासियों के सुख-दुख, उनके कष्ट-क्लेश, सब से जायसी की निपट आत्मीयता है। नागमती बहुधा ही अपने वियोग-प्रसंग में उनका नाम लेती है, उनके नाते और भी दुखित होती है, कारण वह पति वियुक्ता है।

अवध प्रदेश में ऋतुएँ कैसे आती हैं, और उनका क्या रूप होता है यह जायसी के बाहरमासे से स्पष्ट है। इन ऋतुओं के समय सामान्य जनजीवन की क्या दशा होती है, यह भी वहाँ हम देखते हैं। कहने का तात्पर्य यह कि लोकजीवन की एक एक लय को जायसी ने बड़ी आत्मीयता से पकड़ा और उभारा है। प्रकृति के उपकरणों तथा प्रकृति की सहज क्रियाओं का उपयोग उनकी कवि कल्पना ने बड़े सामर्थ्य से किया है। 'आइ साह अंबराव जो लाए। फरे-फरे पै गढ़ नहिं पाए' जैसी पंक्तियों में तथा 'बौरे आम फरै अब लागे। अबहुं आउ घर कंत सभागे' में आमों

के फलने तथा झरने या आमों में बौर आने तथा उनके फलने में जो बीत चुके समय की स्थिति है, उसे जायसी ने अलाउद्दीन द्वारा चित्तौड़ पर घेरा डालने तथा उसे लम्बे समय तक जीत न पाने या नागमती के वियोग के कठिन लम्बे समय की व्यंजना कराने के लिए बड़ी खूबी के साथ इस्तेमाल किया है।

हम कह चुके हैं कि जायसी की ग्राम दृष्टि अधिकतर स्थितियों की व्यंजना के लिए ठेठ ग्रामीण जीवन के ही उपमान लायी है। चाहे 'लागिउं जरै-जरै जस भारू' जैसी उक्ति हो, चाहे 'दीठि दंवगरा मेरवहु एकू' जैसी बिखरते हृदय को पुनः जोड़ देने, बिखरने न देने की व्यंजना हो, उपमान जायसी को ग्राम जीवन के बीच से ही प्राप्त होते हैं। अधिक विस्तार में न जाकर, हम उद्धरण देने के मोह का संवरण करते हुए, यही कहना चाहेंगे कि इतने संवेदनशील हृदय वाला लोकजीवन का पारखी कवि किसी भाषा को बड़ी साधना के बाद नसीब होता है।

समग्रतः, हम कहना चाहेंगे कि जायसी सच्चे अर्थों में लोकजीवन के गायक हैं। उनकी कथा भी लोकमानस में परम्परा से व्याप्त कथा है, जिसे उन्होंने बड़ी तन्मयता तथा बड़ी-बड़ी मस्ती के साथ कहा है। उनकी भाषा, उनकी कल्पना, उनकी अभिव्यक्ति शैली, इन सब का लोकजीवन से सीधा सम्बन्ध है। वे बड़ी सहजता के साथ, एक आत्मीय रूप में हिन्दू परिवारों में प्रवेश कर गये हैं, और उनके एक-एक विश्वास, मान्यता, रीति-रिवाज, तिथि-त्योहार, आदि को बड़ी विश्वसनीयता के साथ उनके समक्ष प्रस्तुत किया है। उनके ऋतुवर्णन तथा बारहमासे में अवध के सामान्य जन के जीवन से सीधा साक्षात्कार किया जा सकता है। 'पद्मावत', सच पूछा जाये, तो लोकजीवन का महाकाव्य है। जिस मिट्टी से जायसी का सम्बन्ध था, उसकी सारी महक उसमें आदि से अन्त तक व्याप्त है।

'पद्मावत' में सूफी आदर्श है, उसमें परोक्ष संकेत है, उसमें रहस्यवाद है, उसमें गम्भीर दार्शनिक चिन्तन है, उसमें एक कुशल कवि की कल्पना और कला है, किन्तु जो बात आगे भी 'पद्मावत' को हमारे बीच जीवित रखेगी, वह उसमें चित्रित लोकजीवन का माधुर्ग है, जिसे बड़े यथार्थ सन्दर्भों में, बड़ी प्रामाणिकता और बड़ी सच्चाई के साथ, जायसी ने हमारे सामने मूर्त्त किया है। जायसी इस लोकजीवन के प्राणवान चित्रण के लिए, अपनी उदार और सेक्यूलर दृष्टि के लिए अपने निश्चल फकीराना अन्दाज के लिए, अपने बड़े ऊँचे मनुष्यत्व के लिए, हमेशा याद किये जायेंगे।

यदि तुलसी ने 'रामचरितमानस' की रचना कर अवधी भाषा को गौरव दिया है, सूर ब्रज के लोकजीवन की निधि के उद्घाटन के लिए स्मरणीय हैं, तो जायसी अवधी भाषा के शीर्षस्थ कवियों में अपनी लोकजीवन की खरी पहचान के नाते याद किये जायेंगे। प्रेम-वेदना के चित्रण में तो शुक्ल जी ने उन्हें गोस्वामी जी से भी श्रेष्ठ माना है। उनके 'पद्मावत' काव्य को उन्होंने लोक पक्ष और भगवत् पक्ष दोनों में अत्यन्त गूढ़ और विलक्षण कहा है।

अध्याय छः

किधौं सूर को पद लग्यो

सूरदास की कविता के बारे में एह दोहा प्रचलित है, जिसमें उसकी बेधक क्षमता का कथन किया गया है :

किधौं सूर को सर लग्यो किधौं सूर की पीर।
किधौं सूर को पद लग्यो.......................॥

कहते हैं कि यह दोहा संगीत सम्राट तानसेन द्वारा रचित है। वह किसी के भी द्वारा रचित हो, सूर की कविता को अद्वितीय प्रभाव-क्षमता, उसके अमिट प्रभाव की बड़ी सटीक व्यंजना करता है। सूर कालजयी कवि हैं, और विरले कवि ही कालजयी हो पाते हैं। सूर की कविता में जो हृदयबेधक क्षमता है, एक लम्बी कालावधि के बाद, वह आज भी उतनी ही असरदार बनी हुई है और उसे कालजयी बनाए हुए थे। इस निबन्ध में हम सूर की कविता को समग्रता में न लेते हुए उसके कुछ ऐसे पक्षों पर ही अपनी दृष्टि केन्द्रित करेंगे जिनका उसके कालजयी होने में बहुत बड़ा योग है तथा जो उसे आज भी हमारी जरूरत बनाए हुए हैं; जिनके नाते वह आज भी हमारे लिए अर्थवान है, और जिनके तहत सूर के कवि व्यक्तित्व का, उनके सहृदय भक्त का, अत्यन्त मानवीय रूप हमारे सामने उजागर होता है, और जिनके नाते सूर ही क्यों, मध्य काल की तमाम भक्ति कविता हमारे लिए जरूरी हो उठती है।

मध्यकाल की भक्ति कविता का महत्त्व हमारे सामने उस समय और भी उजागर हो उठता है जब हम एक ओर उसके पहले के नाथपंथी-योगियों और वज्रयानी सिद्धों की कृच्छ तथा गुह्य धर्म और रहस्य-साधना तथा जन-मन पर पड़ने वाले उसके आतंकदायक, चमत्कारी प्रभाव को देखते हैं, दूसरी ओर उसके बाद के नायिका भेद-प्रधान दरबारी रीति-काव्य और उसके मूल में निहित सामन्ती मानसिकता से साक्षात्कार करते हैं। इन दो छोरों के बीच तीन सौ वर्षों से भी ऊपर प्रवाहित होने वाली भक्ति की स्रोतस्विनी यदि हमें बलात् अपनी विशिष्ट अहमियत का अहसाय कराती है तो यह स्वाभाविक ही है। कहना न होगा कि तत्कालीन

सामाजिक जीवन में नाथों तथा सिद्धों के अराजक और आतंककारी प्रभाव को समाप्त करते हुए सामाजिक जीवन की दिशा को भक्ति की इस विराट स्रोतस्विनी की ओर मोड़कर सन्त तथा भक्त कवियों ने एक महत् सामाजिक दायित्व का निर्वाह किया; गोस्वामी तुलसीदास की इस उक्ति के साथ कि 'गोरख जगायो जोग, भगति भगयो लोग', आचार्य रामचन्द्र शुक्ल ने इस सन्दर्भ में अपनी जो टिप्पणी प्रस्तुत की है, वह हमारे कथन को पुष्ट करती है। आचार्य शुक्ल कहते हैं :

> जिस समय मुसलमान भारत में, सच्चे धर्म भाव का बहुत कुछ ह्रास हो गया था। कालदर्शी भक्त कवि जनता के हृदय को सँभालने और लीन रखने के लिए दबी हुई भक्ति को जगाने लगे। क्रमशः भक्ति का प्रवाह ऐसा प्रबल और विस्तृत होता गया कि उसकी लपेट में हिन्दू जनता ही नहीं, देश में बसने वाले सहृदय मुसलमानों में भी न जाने कितने आ गये। प्रेम-स्वरूप ईश्वर को सामने लाकर भक्त कवियों ने हिन्दुओं और मुसलमानों, दोनों को मनुष्य के सामान्य रूप में दिखाया और भेद-भाव के दृश्यों को हटाकर पीछे कर दिया। (हिन्दी साहित्य का इतिहास, 65)

यही सही है कि जिस भक्ति-आन्दोलन के प्रवाह में भक्तिकाव्य ने जन्म लिया, कालान्तर में उसका वही रूप नहीं रह गया, जैसा वह प्रारम्भ में था, निर्गुण भक्ति से सगुण भक्ति और सगुण कृष्ण-भक्ति से सगुण राम-भक्ति तक पहुँचते-पहुँचते साधारण जन के हाथ से निकलकर उसके बहुत से सूत्र समाज के प्रभु वर्गों के हाथ में आ गये, जिस मनुष्य सत्य को चंडीदास ने सबसे बड़ा सत्य घोषित किया था, और वर्ग-वर्ण की कठोर दीवारों पर जबर्दस्त प्रहार करते हुए जिस मानव धर्म को कबीर तथा अन्य सन्तों ने सबसे बड़ा धर्म बताया था, वे 'मनुष्य सत्य' और 'मानव धर्म' भी समाज के प्रभु वर्गों द्वारा अपने हितों के अनुरूप ढाल लिये गये, फिर भी, कुल मिलाकर, इतना निर्विवाद रूप से कहा जा सकता है कि समूचे भक्तिआन्दोलन तथा समूचे भक्तिकाव्य की मूलवर्ती चेतना मानवतावादी-जनवादी चेतना ही है, और इस मानवतावादी चेतना से विच्छिन्न करके भक्तिआन्दोलन, भक्तिकाव्य तथा सूरदास और उनकी कविता को नहीं पहचाना जा सकता। भक्तिकाव्य अपने रूप में मानवतावादी काव्य ही है, यह और बात है कि मानवतावादी स्वरों का उद्घोष किसी कवि की रचना में क्रान्तिकारी आस्था के साथ जुड़ा हुआ है, किसी के काव्य में यह रागात्मक स्तर पर अभिव्यक्त हुआ है, और किसी के यहाँ वह सुधारवादी आशय लिये हुए है। भक्तिकाव्य की यह वह जमीन है जो उसे कालजयी बनाती है।

सवाल है कि सूर की कविता हो या भक्ति की धारा के किसी अन्य कवि की रचना, उसकी जीवन्तता के आयाम कौन से हैं। जो मानवतावादी मूलवर्ती चेतना के रूप में उसमें विद्यमान है उसका आलम्बन कौन है? कौन है जो जादू बनकर

इस सारे भक्तिकाव्य और सूर की कविता के शीर्ष पर चढ़कर बोला है? कहाँ से सूरदास और उनके समानधर्माओं ने अपने अनुभवों की गहन राशि बटोरी है? उनकी शिरा-शिरा में रक्त की तरह किसकी वाणी या किसकी आर्त्त पुकार प्रवाहित हुई है? उनकी रचनाओं में अभिव्यक्त होने वाले सुख-दुख, हर्ष-उल्लास, शोक संताप किसके हैं? अपने प्रभु और अपने आराध्य के समक्ष ये भक्त कवि किसकी व्यथा-कथा को लेकर प्रस्तुत हुए हैं? वह कौन सा हृदय है जिसमें लीन होकर इतनी सरस उक्तियाँ उन्होंने कही हैं? सूरदास की कविता हो या भक्तिकाल के दूसरे सन्तों या भक्तों की कविता, जब हम इन सवालों तथा इन जैसे दूसरे सवालों की गहराई में उतरते हैं तो उनका एकमात्र उत्तर हमें यही मिलता है कि भक्ति-काव्य की जीवन्तता तथा शक्ति का स्रोत और कुछ नहीं, वह लोकजीवन ही है जिसे इन भक्त कवियों ने खुली आँखों से निहारा तथा उसके समूचे वैविध्य और व्यापकता को अपने रचनाकार मानस में आत्मसात् किया है।

किताबों से बढ़कर इन्होंने अपने देखे हुए और भोगे हुए पर विश्वास किया है। लोकजीवन का कोना-कोना इन्होंने झाँका है और उसी के भीतर से अपने अनुभवों की राशि जुटाई है। लोकजीवन के समूचे प्रसार में इन्होंने सामान्य जन के ही, उसकी सम्पूर्ण आशाओं-आकांक्षाओं, सुख-दुख के साथ, दर्शन किये हैं, उसी के साथ एकात्म हुए हैं, उसी की वाणी उनकी रचनाओं में गूँजी है और उसी के सुख-दुख लेकर वे अपने प्रभु के समक्ष प्रणत हुए हैं। उसकी भक्ति का आलंबन भले ही ईश्वर हो, किन्तु उनका जो मनुष्य धर्म है, उसका आलंबन यह साधारण जन ही रहा है। लोक हृदय में अपने हृदय को लीन कर अपनी सरस वाणी से उन्होंने इसी जन की संतप्त छाती को सींचा और शीतल किया है। मनुष्य से, जन से, लोक से, संसार तथा समाज के राशि राशि वैविध्य से जुड़ने की बातें तो बहुत से लोग करते हैं, लोक हृदय की सही और सच्ची पहचान का मुगालता भी प्रायः सभी को हो जाया करता है, किन्तु लोक से, मनुष्य से, लोक और मनुष्य के वास्तविक संवेदनों से जुड़ना, संसार को उसकी समग्रता में आत्मसात् करना तो दूर पहचान भी पाना, और लोक हृदय से एक हो जाना हर किसी के बूते की बात नहीं होती।

ये बातें ताक पर रखी हुई वस्तुएँ नहीं हैं कि हाथ बढ़ाने पर उन्हें पा लिया जाये। वे आत्मदान माँगती हैं। जिनमें जन देवता या लोक देवता के सामने बाहर-भीतर हर स्तर पर अपने को दे देने का साहस, उत्कण्ठा और सामर्थ्य हो, वही इनका स्वामी बन सकता है। सूरदास तथा उनके समानधर्माओं में यह साहस, यह निष्ठा तथा यह आस्था थी, इसीलिए वे अपने को शक्ति के उस जीवन्त स्रोत से जोड़ सके, जो सैकड़ों वर्षों के बाद आज भी उन्हें जीवित बनाए हुए है। उनकी

कविता मिसाल है इस बात की कि लोकजीवन और जनजीवन से एकात्म होना किसे कहते हैं? वह मिसाल है इस बात की भी कि सामान्य जन से या लोक से जुड़कर ही कोई रचना कालजयी बन सकती है।

सूर और उनके समानधर्माओं की कविता लोकजीवन से गृहीत अनुभूतियों की कविता है, और इसीलिए लोकजीवन को प्रभावित करने में वह इतनी सक्षम भी है। इस कविता के सारे आध्यात्मिक संकेतों को निकाल दिया जाये, उसके साम्प्रदायिक आशयों तथा धार्मिक-दार्शनिक निरूपणों को भी तरजीह न दी जाये, उसे महज संसार सागर की रूप तरंगों से प्रभावित होने वाली, उसी से प्रेरणा लेने वाली, विशुद्ध मानवीय और विशुद्ध लौकिक अनुभूतियों की कविता के रूप में स्वीकार किया जाये, तो भी लोकजीवन के बहुआयामी सौन्दर्य का जो अक्षय कोष उसमें है, मानवीय जीवन के हर्ष-विषाद का जो आख्यान उसमें है, लोक की पीड़ा और लोक के उल्लास के जो स्वर उसमें हैं, लोकजीवन की जितनी खरी और सटीक पहचान उसमें है, मात्र इन सबके बल पर ही वह किसी भी सहृदय के मन पर अमिट छाप छोड़ते में समर्थ है।

वह अपने भक्तिपरक आध्यात्मिक, रहस्यात्मक, साम्प्रदायिक और धार्मिक दार्शनिक चरित्र में किसी के लिए प्रासंगिक और किसी युग के लिए प्रासंगिक और महत्त्वपूर्ण हो सकती है और है पर जहाँ तक हमारा और हमारे युग का सवाल है, वह अपनी मानवीय तथा लौकिक आकृति के ही सन्दर्भ में हमारे लिए प्रासंगिक और महत्त्वपूर्ण है, और इसी रूप में एक मूल्यवान विरासत के रूप में हमें ग्राह्य है। वह हमें ग्राह्य इसलिए भी है कि उसके रचयिताओं में हमें वह आत्मसम्मान देख पड़ता है, वह तेजोद्दीप्त वाणी सुन पड़ती है जो अपने आराध्य के अलावा किसी के समक्ष दीन नहीं होती, बड़े-बड़े सम्राटों तथा बादशाहों की मनसबदारी को लानत मानती है, बड़े से बड़े प्रलोभनों के समक्ष भी घिघियाती नहीं, व्यवस्था तथा स्थापित सत्ता से न केवल समझौता नहीं करती, उसकी अनीति, अन्याय, अनाचार तथा अहंकार की धज्जियाँ उड़ाती है, जन को त्रास देने वाली शक्तियों पर वज्र बनकर टूटती है तथा जन की व्यथा पर करुणार्द्र हो उठती है यह उन सन्तों और भक्तों की वाणी है जिन्हें बड़े से बड़े आश्रय मुहैया थे, किन्तु जिन्होंने सारे आश्रयों को ठुकराकर ठेठ जन सामान्य के बीच, उसके हृदय में पैठकर 'भरोसो दृढ़ इन चरनन केरो' जैसी निष्कर्ष आस्था के साथ भक्ति के गीत गाए। जिन्होंने अपने आराध्य के अलावा, जिसके प्रति वे सम्पूर्णतः समर्पित थे, और साधारण जन के सिवा, जिसके वे प्रतिनिधि थे, किसी से सरोकार नहीं रखा। जिन्होंने मनुष्य को कभी हेय नहीं माना, लोक और उसकी पीड़ा की सच्चाई को सदा सामने रखा, अपनी आस्था का प्रसार उन्होंने मानव जगत के विविध रूपों के भीतर ही किया, जिन्होंने मनुष्य में विकास और आत्मविस्तार की असीम सम्भावनाएँ देखीं।

इन भक्त कवियों की कविता को इसी आधार पर मानव जीवन की समग्रता की कविता कहा गया है, जो सर्वथा उचित है। सवाल है कि इन्हें अपने समय की बड़ी से बड़ी सत्ता को ठुकरा देने की प्रेरणा मिली उसका राज क्या है? जाहिर है कि अपने समय की शीर्ष सत्ता को चुनौती देने का साहस वही कर सकता है जो उतनी ही गहराई से जनसाधारण के जीवन से जुड़ा हो। इन रचनाकारों की आस्था का स्रोत यही साधारण जन से इनकी गहन सम्पृक्ति है। इस सम्पृक्ति के नाते ही ये प्राकृत जनों की प्रशस्ति से बच सके तथा नर की मनसबदारी को धिक्कार सके। यह बहुत बड़ी आस्था है जो हवा से नहीं मिलती, जिसके लिए अपने को जन से नाम लिख देना पड़ता है, दे देना पड़ता है।

यह वह कविता है जो मात्र वैराग्य, निवृत्ति अथवा परलोक की चिन्ता तक सीमित नहीं है, इसमें जीवन के प्रति असीम अनुराग, लोकजीवन के प्रति अप्रतिहत निष्ठा, तथा प्रवृत्तिमय जीवन के प्रति असीम प्रेम भी दिखाई पड़ता है। सगुण भक्त कवि भक्ति का रास्ता जीवन के ठेठ बीच से ही निकालते हैं और सूर में मानवीय शृंगार, प्रेम, वात्सल्य तथा जगत के नाना रूपों की जो मनोरम झाँकी देख पड़ती है, वह भी इस बात की परिचायक है कि बिना जीवन को उसकी सम्पूर्णता में स्वीकार किये, इस प्रकार की झाँकियाँ प्रस्तुत नहीं की जा सकतीं। यह ठीक है कि उसमें अन्तर्विरोध हैं, रहस्य अध्यात्म की चर्चा है, मिथक तथा फैंटेसी है, किन्तु ऐसा नहीं है कि उसमें जीवन का खरा यथार्थ बोध न हो। उसमें प्रखर सामाजिक चेतना भी है जो इन कवियों के अन्तर्विरोध को उभारती है। पूरे मध्यकाल में अकाल पर सबसे अधिक लिखने वाले गोस्वामी तुलसीदास ही हैं। वही हैं जो हर प्रकार की आग से बड़ी पेट की आग को बताते हैं और वही हैं जो इस आग में जलते साधारण जन की पीड़ा तक हमें ले जाते हैं। इस कविता में ईश्वर और ब्रह्म भी हैं, उसके अवतारी रूप का चित्रण हैं, किन्तु उसमें ब्रह्म के अवतारी रूप को जीवन के नाना आयामों में, संसार के बीच ही अपनी लीलाएँ करते दिखाया गया है।

जैसा कहा गया है, इसमें यदि एक ओर संसार को असार कहा गया है, तो दूसरी ओर मनुष्य के जन्म से लेकर मृत्यु तक के नाना संस्कारों को भी चित्रित किया गया है। ये अन्तर्विरोध वस्तुतः उस युग के अन्तर्विरोध हैं जो इन कवियों की रचना में भी मूर्त हुए हैं। हम इन अन्तर्विरोधों को ढकना नहीं चाहते। हम यह चाहते हैं कि हम इन अन्तर्विरोधों के बीच से सूर और दूसरे भक्त कवियों की वास्तविकता को पहचानें और जहाँ वे इन अन्तर्विरोधों को अतिक्रमित करते हैं उन बिन्दुओं को रेखांकित करें। भक्तिकाव्य के मानवेतर दिव्य प्रसंग जिनके लिए प्रासंगिक और महत्त्वपूर्ण हों, वे हों, जहाँ तक हमारा सवाल है हम उनके उस रूप को सहेजने के आग्रही हैं जहाँ उनकी कविता मानवीय जीवन को उसकी विविध

छवियों में हमारे हमारे सामने मूर्त करती है, उससे जुड़कर सामने आती है, जुड़ती ही नहीं, उसे जीवन्त बनाकर हमारे सामने पेश करती है।

भक्तिकाव्य की मानवीय और ठेठ लोकजीवन तथा जन से जुड़ी हुई अनुभूतियों तथा उनके फलस्वरूप उभरने वाली उसकी जीवन्त छवि के इस परिप्रेक्ष्य में हम अगली पंक्तियों में सूर काव्य के कुछ विशिष्ट प्रसंगों की चर्चा करेंगे, इस तथ्य को रेखांकित करना चाहेंगे कि सूर आज भी हमारे लिए जरूरी क्यों हैं, प्रेरक क्यों हैं, हमारी विरासत क्यों हैं?

कहते हैं कि महाप्रभु वल्लभाचार्य से भेंट होने के पहले सूरदास केवल विनय के पद गाया करते थे। वल्लभाचार्य ने उन्हें पुष्टि मार्ग में दीक्षित किया और उन्हें बाल कृष्ण की लीला के गायन की ओर प्रेरित किया। लीला के इन पदों के सन्दर्भ की चर्चा हम आगे करेंगे, सम्प्रति सवाल यह है कि विनय के जो ढेरों पद सूर ने गाए हैं, उनका लौकिक सन्दर्भ क्या है? विनय के इन पदों के भीतर जिस दैन्य, आत्मग्लानि तथा जिस मर्मान्तक पीड़ा को अभिव्यक्ति मिली है, उसका स्रोत क्या है? क्या यह एक व्यक्ति का आत्म-निवेदन मात्र है अथवा एक व्यक्ति के माध्यम से एक पूरे के पूरे युग की व्यथा-कथा का आकलन? इस वाणी को केवल सूरदास तक ही सीमित करना तथा उसे केवल एक भक्त का आत्म-निवेदन मानना एक बहुत बड़ा भ्रम होगा। सूर जिस समाज में रह रहे थे, जाहिर है कि वह समाज एक सामन्ती समाज था, जिसके अन्तर्गत शोसक-शोषक वर्ग का पंजा साधारण जन की गर्दन पर दृढ़ता के साथ जमा हुआ था। सूर के इन विनय सम्बन्धी पदों में दैन्य, वेदना तथा पीड़ा की जो मार्मिक अभिव्यक्ति है, उसे सामन्ती समाज में घुटते हुए जनसाधारण की पीड़ा से जोड़कर देखने और समझने की जरूरत है। इन पदों के भीतर से झाँककर तत्कालीन सामन्ती समाज के यथार्थ को हम बखूबी पहचान सकते हैं।

वात्सल्य और श्रृंगार के क्षेत्र में सूर की वृत्ति विशेष रूप से रमी है। ये उनके प्रिय विषय रहे हैं और इनके चित्रण में ही उनकी ख्याति का मूलाधार अवस्थित है। यह सही है कि कृष्ण की विविध बाल क्रीड़ाओं का वर्णन करते हुए सूर जब-तब अपने पाठकों को कृष्ण के ईश्वरीय रूप का बोध करा देते हैं किन्तु कृष्ण पर पड़े इस ईश्वरीय आवरण को तनिक हटाकर देखें तो क्या ये लीलाएँ अधिक सहज और अधिक स्वाभाविक रूप में हमारे आकर्षण का विषय नहीं बनतीं। 'मैया मोरी मैं नहिं माखन खायो', 'मैया मोहिं दाऊ बहुत खिझायो', 'खेलत में को काको गुसइयाँ' जैसे ढेरों पदों में अभिव्यक्ति पाने वाली कृष्ण की छवि क्या अपनी मानवीयता और लौकिकता में हमें अपनी ओर नहीं खींचती? क्या जरूरी है कि इन पदों का आस्वाद करते हुए कृष्ण के ईश्वरीय रूप का ध्यान रखा जाये या इन्हें गाते समय सूर के मन में कृष्ण के ईश्वरीय रूप की ही छाप थी? सच पूछा जाये,

तो अपने मानवीय तथा लौकिक सन्दर्भों में ही ये लीलाएँ सूर के काव्य की स्थायी निधि हैं और इनकी इस मानवीय तथा लौकिक आकृति के सन्दर्भ में ही उनके अन्तर्गत निहित तथा व्यंजित सूर काव्य की विशिष्टता को उभारा जा सकता है।

सवाल है कि सूर ने कृष्ण के बाल रूप का वर्णन इतनी तन्मयता और इतने विस्तार में क्यों किया? यदि यह वल्लभाचार्य की दीक्षा का प्रतिफल था तो यह दीक्षा तो सूर के अलावा पुष्टि मार्ग के दूसरे कवियों को भी मिली थी। अष्टछाप के कवियों में सूर ही वात्सल्य को इतने उदात्त, गरिमामय और सहज-स्वाभाविक रूप में पूरी जीवन्तता के साथ इतने विस्तार से क्यों उभार सके? क्या ये पद मात्र पुष्टि मार्ग की लीक पीटने के क्रम में ही—सामने आये हैं अथवा इनके मूल में सूर की अपनी आभ्यन्तर निष्ठाओं, अपनी प्रामाणिक अनुभूतियों और अपनी निजी आस्थाओं का भी अपना योग है? हमें इस सवाल पर कुछ गम्भीरता से विचार करने की जरूरत है, महज पुष्टि मार्ग के दायरे में ही सीमित कर देने या महज बाल-मनोविज्ञान की ही सीमाओं में बाँध देने से उसके एक महत्त्वपूर्ण कोण के अछूते रह जाने का खतरा है। सूर की अपनी जिन्दगी का एक बड़ा अंश अभी अन्धकार में है। वल्लभाचार्य से मिलने के पहले की उनकी जिन्दगी हमारे सामने लगभग नहीं है। सम्भव है इस जिन्दगी में ही हमारे इस सवाल के बहुत से सूत्र फैले हों, जिन्हें हमें पाने और टटोलने की कोशिश करनी चाहिए। एकबारगी में, या जल्दबाजी में लिये गये निर्णय इस सम्बन्ध में अपर्याप्त होंगे, अधूरे होंगे।

वात्सल्य के जिस महासागर को एक नारी के हृदय में लहराना था वह एक पुरुष के हृदय में यदि इतने विस्तार तथा वेग से उफनाया तो उसके पीछे कोई न कोई आधार होना चाहिए, और इस आधार को पाने के लिए सूर की उस जिन्दगी को उजागर करने की जरूरत है, जो उजागर नहीं हो पायी है, और जिसे उजागर करने लायक साधन तथा सामग्री से हम वंचित हैं। ऐसी स्थिति में एकांगी निर्णय को ही समग्र निर्णय मान लेने की बात से भी हमें बचना चाहिए। हमारा कहना इस सन्दर्भ में कुल इतना ही है।

इसी पक्ष से सम्बन्धित एक और सवाल भी है। सवाल है कि पुष्टि मार्ग के अन्तर्गत वल्लभाचार्य ने बालकृष्ण की उपासना को ही क्यों प्रतिष्ठा दी? दार्शनिक-आध्यात्मिक-साम्प्रदायिक तथा उपासना की भूमि पर इस सवाल का जवाब दिया भी गया है, और ईश्वर की सबसे निर्विकार कल्पना के रूप में उसकी व्याख्या भी की गयी है, किन्तु यहाँ भी हमें कुछ गहराई में जाकर सवाल पर विचार करने की जरूरत है।

यह सब लोग जानते हैं कि वल्लभाचार्य मात्र एक धार्मिक-दार्शनिक आचार्य ही नहीं, अपने समय के एक बहुत बड़े क्रान्तद्रष्टा, सामाजिक विचारक भी थे। वल्लभाचार्य ही क्यों, भक्ति-आन्दोलन के आचार्यों में रामानुज, रामानन्द, आदि

सभी के लिए यह बात कही जा सकती है। यदि ये आचार्य सामाजिक जीवन के नाना महत्त्वपूर्ण मुद्दों पर एक प्रगतिशील-मानवतावादी, क्रान्तिकारी रुख न अपनाते, भक्ति का आन्दोलन हार्दिक औदार्य तथा मानसिक औदात्य की जिस गहरी प्रेरणा से, परम्परागत तमाम आचार-विचारों, विश्वासों तथा मान्यताओं को तोड़ता हुआ उस प्रशस्त सामाजिक आधार पर न खड़ा हो सकता था जिस पर वह खड़ा है, और जिसके तहत हरिजन, मुसलमान, ऊँच-नीच, स्त्री-पुरुष सब एक ही जमीन पर साथ-साथ अपने लक्ष्य की ओर बढ़ते दिखाई पड़ते हैं।

सवाल यहाँ वात्सल्य का है और वात्सल्य के इस सवाल के साथ अनिवार्य रूप से तत्कालीन समाज में नारी की अपनी हैसियत का सवाल भी जुड़ा हुआ है। नारी के सम्बन्ध में वामाचार से जुड़े हुए तान्त्रिकों तथा सिद्धों के दृष्टिकोण से हम बखूबी परिचित हैं। उसके बारे में नाथपंथी साधुओं, यहाँ तक कि निर्गुण सन्तों की सोच भी हमारे सामने स्पष्ट है। एक के लिए यदि नारी भोग तथा नाना प्रकार की तान्त्रिक साधनाओं का माध्यम है, तो दूसरे के लिए वह मुक्ति के मार्ग की सबसे बड़ी बाधा है, माया है, ठगिनी है आदि आदि। नारी की अस्मिता के प्रति चली आ रही यह सोच गार्हस्थ्य धर्म की जिस अवमानना पर टिकी हुई है, उसे भी हम अच्छी तरह जानते हैं।

तत्कालीन समाज और समाजजीवन की जिस अव्यवस्था तथा अराजकता का जिक्र आचार्य शुक्ल ने भक्ति-आन्दोलन के सन्दर्भ में किया है, उसका एक आयाम और बड़ा आयाम गार्हस्थ्य जीवन के प्रति तथा नारी के प्रति इस गहरे वितृष्णा भाव तथा उपेक्षा से सम्बन्ध रखता है। वल्लभाचार्य जैसे क्रान्तद्रष्टा, सामाजिक विचारक तथा चिन्तक सामाजिक जीवन की इस अराजकता तथा ह्रासशील मानसिकता से परिचित थे। वल्लभाचार्य ने अपने पुष्टि मार्ग में बाल-कृष्ण की जो आराधना प्रधान तथा केन्द्रवर्ती रूप में मान्य की तथा सूर जैसे कवि जिस उत्साह तथा तन्मयता से ईश्वर के इस बाल रूप में डूबे-उतराए, जिस ऊँचाई पर जाकर उन्होंने वात्सल्य को प्रतिष्ठित किया, क्या उसके भीतर से हमें उनका इस प्रकार का कोई भी प्रयास लक्षित नहीं होता कि अस्त-व्यस्त होते हुए सामाजिक जीवन में सन्तुलन लाने के हेतु समाज में गार्हस्थ्य धर्म की मर्यादा को पुनः प्रतिष्ठित किया जाये, कि ईश्वर के बाल रूप की महिमा के माध्यम से नारी और इस प्रकार उसके मातृत्व को सम्मानित किया जाये। जहाँ बालक होगा, स्वभावतः वहाँ माँ भी होगी, नारी होगी।

सूर ने कृष्ण के बाल रूप को जहाँ भी और जितना भी उभारा है, प्रायः हमेशा और हर जगह कृष्ण के साथ यशोदा भी हैं। 'यशोदा हरि पालने झुलावे', 'सिखवत चलन जशोदा मैया', 'मुख छवि देखि हो नन्दघरनि', 'ह्वां लगि नेकु चलौ नन्दरानी', आदि आदि ढेरों पर माता और पुत्र के इस चिरन्तन सान्निध्य को गरिमा प्रदान

करते हैं। यही नहीं, ढेरों पदों में कृष्ण के साथ यशोदा ही नहीं, नन्द भी हैं और माता-पिता के शिशु-प्रेम के इन सैकड़ों पदों के बीच से एक सुखी गृहस्थ जीवन की छवि निखर कर हमारे सामने आती है, क्या उसके माध्यम से वल्लभाचार्य और सूर बिखरते हुए गृहस्थ जीवन को एक नया आधार नहीं प्रदान करते? यदि कृष्ण के बाल रूप के वर्णन में सूर पुष्टि मार्ग की साम्प्रदायिक परम्परा का ही निर्वाह कर रहे होते, कहना न होगा कि नारी के मातृत्व की, गार्हस्थ्य जीवन की जितनी विशद व्यंजना उनके माध्यम से हुई है, यह कदापि सम्भव न थी।

नारी के मातृत्व तथा गार्हस्थ्य धर्म की गरिमा से अभिभूत हुए बिना इस प्रकार के पदों की रचना की कल्पना भी नहीं की जा सकती। वात्सल्य की एक-एक मनोदशा को, शिशु-मनोविज्ञान की एक-एक बारीकी को, माता-शिशु तथा पिता और शिशु के सम्बन्धों की एक-एक रेखा को, विषय की सीमा में, जितनी गहराई, जितनी तन्मयता तथा जितने विस्तार से लगभग आत्मविभोर होकर सूर ने चित्रित किया है, उसे मात्र पुष्टिमार्गीय परम्परा का निर्वाह नहीं कहा जा सकता।

पुष्टिमार्ग में और भी कवि भक्त हुए हैं, अष्टछाप में सूर के अलावा सात और रचनाकार-भक्त हैं किन्तु सुर को ही 'अष्टछाप का जहाज' कहा गया, विश्व स्तर की ख्याति सूर को ही मिल पायी, कालजयी सूर की कविता ही हुई। परम्परा की लकीर पीटने तथा परम्परा की लीक का अतिक्रमण कर नयी लीक बनाने वालों में यही फर्क होता है और सूर की चर्चा करते समय हमें इसे याद रखना चाहिए। जाहिर है कि सूर के इन पदों के भीतर से उनकी स्वस्थ सामाजिक चेतना, उनकी प्रखर मानवीय चिन्ता भी व्यंजित होती है। ये पद हमें केवल मुग्ध ही नहीं करते, सोचने के लिए भी प्रेरित करते हैं। मात्र साम्प्रदायिक चर्चा से ही इन्हें नहीं निपटाया जा सकता।

अब हम सूर के श्रृंगार चित्रण पर आयेंगे जिस क्षेत्र में भी वे अद्वितीय माने गये हैं। सूर द्वारा चित्रित कृष्ण की श्रृंगार लीलाओं की भी आध्यात्मिक व्याख्या की गयी है, उनके रास को नित्य कहा गया है, रास ही नहीं, राधा-कृष्ण की युगल मूर्ति की अन्य प्रेम लीलाओं को भी साम्प्रदायिक आशयों से गर्भित माना गया है। सम्भव है, सूर इस सारे श्रृंगार-चित्रण का दार्शनिक, साम्प्रदायिक, आध्यात्मिक अर्थ हो, जैसा कि बहुतों के लिए वह है भी, किन्तु हमारे लिए उसका महत्त्व नहीं है। हम उसमें दिलचस्पी नहीं रखते, हम उनकी बात नहीं जानते जो इन सहज मानवीय लीलाओं में कोई दिव्य अर्थ खोजकर उसमें डूबा रहना चाहते हैं, जानना भी नहीं चाहते। हम तो विशुद्ध मानवीय धरातल पर, विशुद्ध लौकिक भूमि पर, अपनी सम्पूर्ण लौकिक और मानवीय व्यंजनाओं के साथ सूर द्वारा सहज ही सुलभ किये गये प्रेम के इस महोदधि में अवगाहन करना चाहते हैं और चाहते हैं कि

दूसरे भी ऐसा करें।

आँखों के सामने राशि-राशि सुषमा के साथ लहराते हुए प्रेम के इस महासागर में अवगाहन न कर इन लीलाओं की सत्ता एक दिव्य तथा अलौकिक जगत में मानने वालों के लिए हम क्या कहें? जो साक्षात् ब्रज की धरती पर होने वाली इन लीलाओं को दैवी मानते हैं, वे माना करें, हमारे लिए तो यह सब न केवल एकदम मानवीय हैं, हम इसे सूर काव्य की बहुत अमूल्य और बड़ी पावन मानवीय धरोहर मानते हैं। बड़ी मानवीय, बड़ी सहज, बड़ी निष्कलुष और बड़ी उदात्त अनुभूतियों से मण्डित सूर का यह प्रेम लोक है। यहाँ कुण्ठा, मलिनता, स्वार्थ और लिप्सा का लेशमात्र भी नहीं है, यहाँ खुले हृदय और खुले मन से किया गया अद्भुत प्रेम व्यापार है, जो रूखे मनों को सरस करता है, शुष्क हृदयों को सींचता है, जड़ से जड़ व्यक्ति को स्पन्दित करते हुए उसे जीवन के प्रति उन्मुख करता है। यहाँ कृष्ण हैं, राधा हैं, गोप-गोपियाँ हैं, ब्रज की हरी-भरी उन्मुक्त प्रकृति है, और इन सब के बीच प्रेम का वह महोदधि है जो हमें आमन्त्रित करता है, एक खुले हुए जीवन के राग, रस, रंग में डूब जाने को, मानवीय जीवन के ताप को महसूस करने को, अपने को जीवन के स्पन्दनों से भर देने को, एकदम तरोताजा हो जाने को।

राधा और कृष्ण तथा गोपियों के इस प्रेम की तुलना रीतिकालीन दरबारी कवियों के प्रेम चित्रण से करें, जहाँ भी भले ही बहाने के रूप में, लेकिन राधा-कृष्ण ही नायिका और नायक के रूप में विराजमान हैं। कहना न होगा कि दोनों को आमने-सामने रखकर देखने मात्र से दूर की सोच तथा रीतिकाल के दरबारी कवियों की सोच का अन्तर स्पष्ट हो जायेगा। हमें स्पष्ट होगा कि जहाँ रीतिकालीन दरबारी कवियों की सीमा मध्यकालीन सामन्ती मानसिकता को ढोने में स्पष्ट हुई है, वहाँ सूर की कविता, उनकी सोच न केवल इस मध्यकालीन सामन्ती मानसिकता को नकारती है, उसका तिरस्कार भी करती है। यही नहीं, वह कुण्ठाहीन निष्कलुष प्रेम चित्रण की नयी भूमियों और नये प्रतिमानों की सृष्टि भी करती है।

अपने प्रणय चित्रण में सूर ने जीवन के सहज उल्लास और यौवन के सहज आवेग को नितान्त वर्जनाहीन अभिव्यक्ति दी है। जैसाकि आचार्य शुक्ल का कहना है, यहाँ प्रेम कोई बैठे-ठाले का धन्धा बनकर, कोई शौकिया चीज बनकर नहीं आया है। यहाँ वह जीवन की अनिवार्यता है, यहाँ उसकी व्याप्ति जीवन की नाना भूमिकाओं तक है। वह यहाँ मात्र संयोग नहीं है, वरन् बाल्यावस्था से क्रमशः अंकुरित होते हुए युवावस्था तक पूरी तरह पल्लवित होते दिखाया गया है। उसका विकास हुआ है, गुणात्मक विकास। यहाँ वह लम्बे साहचर्य का परिणाम है जिसके निशान दिलों से मिटाए नहीं मिटते। तभी तो गोपियाँ उद्धव से कहती हैं, 'लरिकाई को प्रेम कहो अलि कैसे छूटे।' सूर के प्रेम वर्णन की यह कुण्ठाहीन

अस्खलित, निर्मल तथा निखरी हुई छवि ही है, जिसे लक्ष्य कर मर्यादावादी आचार्य शुक्ल तक रीझ उठे हैं और उसके सन्दर्भ में रीतिकालीन दरबारी प्रेम चित्रण की भर्त्सना करते हुए टिप्पणी करते हैं :

> सूर का संयोग वर्णन मात्र एक क्षणिक घटना नहीं है, वह प्रेम संगीतमय जीवन की एक गहरी चलती धारा है।...किसी की रूप चर्चा सुन या अकस्मात् किसी की एक झलक पाकर हाय-हाय करते हुए इस प्रेम का आरम्भ नहीं हुआ है, नित्य अपने बीच चलते-फिरते, हँसते-बोलते, वन में गाय चराते देखते-देखते गोपियाँ कृष्ण में अनुरक्त होती हैं और कृष्ण गोपियों में। इस प्रेम को हम जीवनोत्सव के रूप में पाते हैं, सहसा उठ खड़े हुए तूफान या मानसिक विप्लव के रूप में नहीं, जिनमें अनेक प्रकार के प्रतिबन्धों और विघ्न-बाधाओं को पार करने की लम्बी-चौड़ी कथा होती है। सूर के कृष्ण और गोपियों के समान स्वच्छन्द हैं। वे लोक बन्धनों से जकड़े हुए नहीं दिखाए गये हैं। जिस प्रकार के स्वच्छन्द समाज का स्वप्न अंग्रेज कवि शेली देखा करते थे, उसी प्रकार का यह समाज सूर ने चित्रित किया है। (त्रिवेदी, 86)

सूर द्वारा चित्रित बाधा-बन्ध-विहीन यह जो समाज है, और इस समाज में अपनी समूची गहराई मुक्तता तथा विस्तार में चित्रित उनका यह जो प्रेम है, वह यदि सूर की फंतासी है, उनके द्वारा रचित एक कल्पना लोक है, तो सवाल उठता है कि आखिर इस फंतासी और इस कल्पना लोक की रचना सूर ने क्यों की? इस सवाल का जवाब देते हुए यदि हम कहें कि यहाँ भी सूर की निगाह अपने समय के समाज की वास्तविकता पर टिकी हुई है, और अपने इस प्रेम चित्रण के माध्यम से वे इस वास्तविकता के बारे में अपनी निहायत तीखी प्रतिक्रिया व्यक्त करते दिखाई पड़ते हैं तो गलत नहीं होगा। मध्यकालीन रूढ़ि-जर्जर, भाँति-भाँति की वर्जनाओं से ग्रस्त, सामाजिक—पारिवारिक जीवन, उसके घुटन और ऊब से भरे सामन्ती, माहौल, उसके तमाम सारे जर्जर कानून-कायदों, रीतियों-नीतियों के खिलाफ जीवन की सहजता पर आस्था रखने वाले सूरदास की यह सात्विक आक्रोश और रोष ही है, जो उनकी सरस वाणी में घुल-पचकर प्रेम के इस शानदार महोत्सव का रूप धारण कर सामने आया है।

हमने ऊपर वात्सल्य चित्रण के प्रसंग में नारी की अपनी अस्मिता के सवाल को उठाया है। शृंगार के इस सन्दर्भ में वह और भी उभरकर हमारे सामने आता है। मध्यकाल के सामन्ती समाज में घर और परिवार की चारदीवारी में घुटती नारी की स्थिति पर गौर करें, नारी के शरीर से भोग की सामन्ती मानसिकता पर ध्यान दें, और तब नारी मन के भीतर छिपी हुई उसकी प्रेम की प्यास को पहचानें। अपनी सामाजिक और मानसिक मुक्ति के लिए छटपटाती हुई नारी की कुचली हुई अस्मिता को सूर अपने प्रेम-शृंगार वर्णन के माध्यम से उसकी समस्त आकांक्षाओं

के साथ हमारे सामने मूर्त करते हैं। यह नारी मन में छिपी प्रेम की आकुल व्यास है जिसे सूर ने पहचाना, उभारा और गहराई तक जाकर सराहा है।

हमने सूर के उन्मुक्त श्रृंगार वर्णन पर मर्यादावादी आचार्य शुक्ल के रीझने की बात कही है। तनिक इस दृश्य पट को आँखों के सामने रखिए। चाँदनी रात है, यमुना का किनारा है, हवा में झूमते-लहराते अरण्य कुंज हैं। ऐसे ही मादक माहौल में कृष्ण की वंशी बज उठती है, और वंशी की ध्वनि को सुनते ही अपने घर-परिवार, लोक-लाज, कानून-कायदों को एक ओर रख, उनका तिरस्कार करते हुए गोपियाँ दौड़ पड़ती हैं कृष्ण के साथ उस यमुना के तट पर रास रचाने, और यह रास सारी रात चलता है, जिसमें सब बेसुध हो जाते हैं।

आचार्य शुक्ल का सहृदय अपना सारा मर्यादावाद विस्मृत कर यहाँ सूर की कविता और कला पर मुग्ध हो उठता है। नारी मुक्ति की वह परिकल्पना है जो सामन्ती समाज में नारी की विगर्हणीय स्थिति को लक्ष्य कर सूर ने अपने यहाँ प्रस्तुत की है। नारी अस्मिता को पहचानने वाला और नारी मन के स्वप्नों, उसकी आशाओं-आकांक्षाओं को मानवीय संवेदना की समूची गहराई तथा व्याप्ति के साथ उभारने और अंकित करने वाला इतना बड़ा रचनाकार उस युग में दूसरा नहीं हुआ।

कुछ चर्चा हम सूर द्वारा अंकित वियोग वर्णन की करना चाहेंगे। वह इसलिए कि सूर संयोग श्रृंगार के कवि उतने नहीं, जितने वियोग श्रृंगार के कवि हैं। सूरसागर का अधिकांश विरह के आँसुओं से निर्मित है। संयोग तो वहाँ मात्र उस पृष्ठभूमि का काम करता है जो वियोग के प्रभाव तथा व्याप्ति को अनेक गुना बढ़ा देती है। कृष्ण जब तक मथुरा नहीं गये हैं, वियोग के चित्रों का सवाल ही पैदा नहीं होता, संयोग ही संयोग है, केलि क्रीड़ा के चित्र पर चित्र हैं, शोख और चंचल राधा की न जाने कितनी मारक अदाएँ; बाण जैसी नुकीली चितवन से वह कृष्ण को वेध देती है, 'गोरी तेरे नैन किधौ री बाण'। वह कृष्ण के कन्धों पर भी चढ़कर घूमती है। गोपियाँ निर्वसन होती हैं, कृष्ण उनके वसन चुरा लेते हैं, रात-रात भर यमुना के किनारे चाँदनी की मादकता में बेसुध नाचा करते हैं। यह सब सूरसागर में है, परन्तु कितना और कितनी दूर तक? एक बार अक्रूर आये और कृष्ण को मथुरा ले गये तो ले गये, और कृष्ण के मथुरा जाने के बाद सूरसागर क्या है, वियोग का महोदधि जिसमें राधा, गोपियों, ब्रज के लोगों, नन्द और यशोदा के आँसुओं की ही राशि-राशि एकत्र है, और कहना न होगा कि यह अंश सूरसागर का सबसे लम्बा अंश है।

सूरसागर का अधिकांश वियोग की इन्हीं मार्मिक अनुभूतियों से निर्मित है। सूरसागर मूलतः और मुख्यतः वियोग का काव्य है, काव्य ही नहीं वह वियोग का महाकाव्य है, एक दुखान्त महाकाव्य, जिसके जोड़ की दूसरी मिसाल मिलना

कठिन है। सूर ने संयोग से ज्यादा, बहुत ज्यादा, अपने को इस वियोग पर केन्द्रित किया है, अपनी संवेदना को वियोग की कठिन अनुभूतियों से होकर गुजारा है। यहीं सूर और सामान्य श्रृंगारी कवियों में अन्तर स्पष्ट हो जाता है।

श्रृंगार तो रसराज कहा गया है, और उसे रसराज इस नाते कहा गया है कि उसमें जीवन की सुख और दुख मिश्रित अनुभूतियों का समान योग है, वह ज़िन्दगी को उसकी सम्पूर्णता में छूता है। इस रसराज को मात्र उसके संयोग पक्ष तक ही सीमित कर देने वाले बहुत से कवि हुए हैं; कह सकते हैं कि अधिकांश श्रृंगार काव्य संयोग का ही काव्य है कारण संयोग में रसिक मन को लुभाने तथा रमाने की सामग्री बहुत होती है। जहाँ तक वियोग का सवाल है, वहाँ नायिका या तो वैसी शोख, चंचल, गदराए यौवन वाली, केलि क्रीड़ा की पुतली रह नहीं जाती, या कम से कम, उसकी गतिविधियाँ वैसी नहीं रह जातीं, जैसी वे संयोगावस्था में थीं।

अब कवि रसराज का चित्रण करे तो करे, उसका रसिक मन संयोग से आगे श्रृंगार की उस भूमि में जाने को ही नहीं होता जहाँ सूखकर काँटा हुई नायिका है, उसका पीड़क एकान्त और उसका मग्न मन है। यही कारण है कि जीवन की समग्रता में न रमने वाले, उसमें दिलचस्पी न रखने वाले कवि प्रायः श्रृंगार के संयोग वर्णन में ही ठहर जाते हैं, और यदि वियोग की जमीन पर कदम रखते भी हैं, औपचारिकता या आवश्यकता के निर्वाह के लिए, तो या तो बुरी तरह असफल होते हैं, या उपहासास्पद बन जाते हैं, श्रृंगार को ही उपहासास्पद बना देते हैं। रीतिकाल के दरबारी कवियों का उदाहरण हमारे सामने है।

ऐसी स्थिति में यदि कहा जाये कि लिखने के लिए कोई भी श्रृंगार की रचना करे, श्रृंगार का वास्तविक और रससिद्ध कवि वही कहा जायेगा, श्रृंगार की रचना में प्रतिमान वही निर्मित करेगा, कसौटियाँ वही बनाएगा जिसमें संयोग के साथ-साथ उसी सामर्थ्य को सूचित करते हुए वियोग के चित्रण की भी क्षमता हो, मात्र क्षमता ही न हो जो वियोग के क्षेत्र में संयोग से भी ज्यादा रमने और ठहर सकने का साहस रखता हो, और बावजूद वियोग की जमीन पर अपने लम्बे ठहराव के, जो वियोग की गरिमा को, उसके सारे त्रास और सारी कचोट के साथ ऐसी गम्भीरता दे सकने में समर्थ हो जो उसकी मूलवर्त्ती चारित्रिक पहचान है।

सूर रससिद्ध कवि इसलिए हैं, सूर श्रृंगार के क्षेत्र में अपराजेय इसलिए हैं कि उन्होंने ऐसा किया है, कि वे वियोग की जमीन पर उसकी सम्पूर्ण गरिमा को सुरक्षित रखते हुए रमे और ठहरे हैं, कि उनमें वियोग के त्रासद चरित्र को उभारने और उसे लम्बे समय तक झेलते रहने की अद्‌भुत क्षमता है। श्रृंगार बिहारी ने भी लिखा है, और यश पाया है पर सूर के श्रृंगार और बिहारी या उन जैसे रचनाकार में क्या फर्क है, यह हम ऐसे विशिष्ट सन्दर्भों में ही पहचान सकते हैं।

वियोग का तन्मय कर देने वाला, त्रासद चित्रण ही नहीं, उस वियोग चित्रण

के बीच से मानिनी नारी की, नारी अस्मिता की जो छवि सूर ने उभारी है, उसका कोई भी मुकाबला नहीं है। आचार्य शुक्ल जैसे मर्मज्ञ भी इस स्थल पर सूर की सही पहचान से चूक गये हैं। कृष्ण जो एक बार मथुरा गये सो फिर वापस लौटकर कभी नहीं आये, और बात यहीं तक सीमित नहीं है, नारी अस्मिता की महानता और गरिमा के चितेरे सूर अपनी ग्रामीण गोपिकाओं को भी फिर कभी मथुरा नहीं भेजते। वह राधा जो एक पल भी कृष्ण के अभाव को नहीं सह सकती थी, फिर कभी मथुरा की ओर पैर नहीं रखती। कृष्ण नहीं आये, वादा करके भी नहीं आये, यदि उनमें इतना अभिमान है, तो नारी का अभिमान कम तो नहीं है, वह उनकी याद में तिल-तिल कर गल जाना, मर जाना पसन्द करेगी किन्तु आत्मसम्मान बेचकर ऐसे झूठे व्यक्ति के पास अपनी ओर से जाना नहीं चाहेगी, नहीं जायेगी।

कृष्ण लौटकर नहीं आते तो नहीं आते, और गोपियाँ मथुरा नहीं जातीं तो नहीं जातीं; नारी अस्मिता का, नारी के आत्मसम्मान का यह गरिमामय चित्र सूर ही अंकित कर सकते थे, और उन्होंने किया भी है, पूरे विस्तार से, पूरी निष्ठा से किया है। और उस कंट्रास्ट को भी देखें जो राधा के सन्दर्भ में सूर ने चित्रित किया है। कहाँ तो पहले की शोख और चंचल राधा, बाण जैसे नुकीले कटाक्ष फेंकने वाली राधा, कृष्ण के कन्धे पर चढ़कर केलि करने वाली राधा, और कहाँ यह राधा जिसका चित्र सूर ने कुरुक्षेत्र के मेले के अवसर पर दिया है। कृष्ण रुक्मिणी के साथ कुरुक्षेत्र के मेले में आते हैं। रुक्मिणी उनसे पूछती है तुम जिस राधा का जिक्र अक्सर किया करते हो वह राधा कहाँ है? कृष्ण भीड़ में रुक्मिणी को इशारा करते हैं कि वह देखो, वह राधा वहाँ है। रुक्मिणी देखती है, सूर का चित्र है :

> मनसा सुमिरन, रूप ध्यान उर, दृष्टि न इत उत मोरी।
> वह लखि जुवति वृंद मैं ठाढ़ी, नील वसन तन गोरी ॥

रुक्मिणी का साक्षात्कार यहाँ ऐसी राधा से होता है जिसकी शोखी न जाने कहाँ विलीन हो गयी है, जिसके नेत्र-बाण अब वैसे नहीं रहे, वे आँसुओं से लबालब भरे हैं, और उसका गदराया बदन जैसे एकदम से सूख गया हो, जिसकी चंचलता पता नहीं कहाँ चली गयी है, जो शान्त, स्थिर, युवतियों की भीड़ में खोई सी खड़ी है। इसे ही सच्चे रससिद्ध कवि की दृष्टि का पैनापन कहते हैं, इसे ही किसी कवि और उसकी रचना का बड़प्पन कहते हैं। ये वे स्थल हैं जहाँ सूर रससिद्ध कवि पहले हैं, पुष्टिमार्गीय भक्त बाद में। यह वह शृंगार है, यह वह प्रेम है जिसके समक्ष सामन्ती मानसिकता से ग्रस्त रीतिकालीन शृंगार तथा प्रेम पानी भरता हुआ दिखाई पड़ता है जिसके सात्विक ताप में सारा का सारा रीतिकालीन नायिकाभेद भस्म हो जाता है। यही शृंगार का रस राजत्व है, यही उसकी महत्ता है और यही सूर की उपलब्धि है, हमारे लिए सूर की सबसे मूल्यवान विरासत है।

वात्सल्य तथा शृंगार के इस चित्रण में ब्रज की लोक संस्कृति तथा लोकजीवन को जिस गहराई तथा विस्तार से सूर ने प्रस्तुत किया है वह सूरसागर और सूर काव्य की ही नहीं, समूची हिन्दी कविता की अमूल्य निधि है। यह एक ऐसी ग्रामीण संस्कृति है जो अपनी जीवन्तता में अनुपम है। यह एक ऐसा समाज है जहाँ हर व्यक्ति क्रियाशील है। प्रेम का कारोबार भी दैनन्दिन जीवन के कारोबार के साथ ही चलता है। कृष्ण गायें चराने जाते हैं, गोपियाँ दूध-दही बेचने जाती हैं, और इन सारे प्रसंगों की जीवन्त कर्मठता के बीच उनके प्रेम के प्रसंग भी गुँथे रहते हैं। प्रातःकाल से ही समूचे ब्रज में ये कार्य व्यापार चलने लगते हैं। कहीं दूध दूहा जा रहा है, कहीं माखन बिलोया जा रहा है, कहीं उन्हें घर-घर बेचने के लिए ले जाया जा रहा है, कहीं पैठ लगी है, कहीं सौदा सुलुफ खरीदा जा रहा है।

ब्रज की जीवन्त, क्रियाशील जिन्दगी को अन्धे सूरदास ने हम सबको उसके सारे वैविध्य के साथ दिखाया है। ब्रज के लोकपर्व, तिथि-त्योहार, उत्सव-समारोह बाजार-मेले आदि ही नहीं, जैसा हमने कहा, ब्रज के निवासियों के दैनन्दिन जीवन की एक-एक रेखा सूर ने उकेरी है। रीतिकालीन नागर संस्कृति की कृत्रिमता यहाँ नहीं, यहाँ वह सहजता है जो हमें बलात् अपनी ओर खींचती है। ब्रज में रहते हुए कृष्ण का सारा जीवन ग्वाल-बालों के जीवन के समान ही बीतता है, उसमें सूर की ओर से कहीं कोई आरोपण नहीं है। यह सूर की अपनी ग्राम दृष्टि है जो गाँवों की संस्कृति को इतनी विशदता से और इतनी बारीकी से देख और दिखा सकी है। ब्रज प्रदेश और उसकी संस्कृति का इतिहास लिखने वालों के लिए सूरसागर एक अक्षय कोश है।

यदि मात्र लोक-संस्कृति के अध्ययन की दृष्टि से ही सूरदास की कविता को देखा जाये, तो इस बिन्दु पर भी वह अद्वितीय है। लोकजीवन से तादात्म्य के बिना लोकजीवन का इतना यथार्थ और हृदयग्राही चित्र सम्भव नहीं है। यह एक सीख है जिसे लोक-संस्कृति में रुचि रखने वालों को सूरदास से ग्रहण करना चाहिए।

कहा गया है कि सूर की दृष्टि महज वात्सल्य और शृंगार के क्षेत्रों में ही रमी है। यह भी कहा गया है कि उनकी सामाजिक चेतना तुलसी के समान प्रखर नहीं है, ब्रह्म की शील, शक्ति तथा सौन्दर्य, इन तीन विभूतियों में उन्होंने मात्र सौन्दर्य पर ही अपने को केन्द्रित किया है यह सही है कि लोक संग्रह तथा लोक रक्षा का जैसा और जो भाव तुलसी में पाया जाता है, वैसा सूर में नहीं है और यह आवश्यक भी नहीं है। आवश्यक नहीं है कि कोई कवि जीवन के सारे पक्षों तक दौड़ लगाए और महत्त्वपूर्ण या महत् कविता की यह कोई आवश्यक और आधारभूत शर्त भी नहीं है।

सूर ने अपने ढंग से जीवन को देखा और चित्रित किया है, और जिन क्षेत्रों तक उन्होंने अपनी पहुँच प्रदर्शित की है, उनमें वे आद्यंत रमे और जिए भी हैं। रही सामाजिक चेतना की प्रखरता और उसकी अभिव्यक्ति की बात, तो हम अपने

पिछले विवेचन में इस तथ्य पर प्रकाश डाल चुके हैं कि सूर के वात्सल्य तथा शृंगार वर्णनों के भीतर से उभरने वाली दूसरी व्यंजनाओं को भी हमें पढ़ना चाहिए और उनके सन्दर्भ में सूर गहरी सामाजिक चेतना के कवि भी ठहरते हैं। जहाँ तक सामाजिक वास्तविकता को सीधे ही उभारने की बात है, अथवा समकालीन जीवन के प्रति सीधी प्रतिक्रियाओं का सवाल है, वे भी हमें सूर में अनेक प्रसंगों में उपलब्ध होती हैं। सामन्ती समाज की भोगलिप्सा का यथार्थ और जीता-जागता चित्र तथा उसके प्रति सूर की स्पष्ट और तीखी प्रतिक्रिया हमें उनके 'चौपारि जगत मढ़े जुग बीते' पद में दिखाई पड़ती है। ऐसे भी अनेक पद हैं जिनमें सूर अपने समय की समाज-व्यवस्था, शासन, राजदरबार आदि पर व्यंग्य करते हैं और उनकी असलियत को उभारकर हमारे सामने रखते हैं। धार्मिक रूढ़ियों पर उनके कठोर व्यंग्य को हम उनके 'जरत ज्वाला गिरत गिरि ते स्वकर काटत शीश' जैसे पद में पाते हैं। 'जनम साहिबी करत गयो' शीर्षक पद आध्यात्मिक रूपक में तत्कालीन शासन व्यवस्था पर चोट करता है।

गोपियाँ जो बार-बार उद्धव को भ्रमर कहकर सम्बोधित करती हैं उसकी रस-लोलुपता की भर्त्सना करती हैं, उसके मूल में सामन्ती मानसिकता वाले ह्रासशील लम्पटों का रूप ही विद्यमान है। कृष्ण के द्वारिकाधीश बन जाने पर सुदामा के साथ किया गया कृष्ण का आत्मीय व्यवहार, जिसे लेकर सूर ने अनेक पद रचे हैं, सामन्ती समाज में विघटित होते हुए मैत्री सम्बन्धों पर कठोर व्यंग्य ही करता है। ह्रासशील सामन्ती समाज के सन्दर्भ में सूर की ये निष्ठाएँ जितनी तात्विक और प्रगतिशील हैं, सूर के समसामयिक बोध को भी उतनी ही प्रखरता से उजागर करती हैं। हमारे कहने का तत्पर्य यहाँ यही है कि सामाजिक चेतना की अभिव्यक्ति का सूर का अपना अलग आयाम है और इस आयाम पर सूर मात्र शृंगार और वात्सल्य के मुग्ध कवि ही नहीं रह जाते सामयिक बोध के स्वामी बनकर भी हमारे समक्ष आते हैं।

सूर के 'भ्रमरगीत' प्रसंग की थोड़ी चर्चा भी हम करना चाहेंगे। 'भ्रमरगीत' के इस प्रसंग को लेकर सगुण-निर्गुण का विवाद हिन्दी में खूब उछाला गया है। यह विवाद जितना अतिरंजित बनाकर पेश किया गया है वस्तुतः वैसा वह है नहीं। दार्शनिक स्तर पर तो सगुण भक्त भी निर्गुण को स्वीकार करते हैं, व्यावहारिक जमीन पर, जनता को चित्तवृत्ति को आराधना का कोई ठोस आधार प्रदान करने के लिए वे जरूर सगुण साकार को उभारते और महत्त्व देते हैं। किन्तु जहाँ तक सूर का सवाल है, वे अपने को 'भ्रमरगीत' में भी इस विवाद में ज्यादा नहीं उलझाते। अतएव 'भ्रमरगीत' को सही रूप में पहचानने के लिए हमें उसकी मूलवर्ती चिन्ता को सही परिप्रेक्ष्य में देखना होगा। कुछेक पद सूर में ऐसे जरूर मिलते हैं जिनमें उन्होंने निर्गुण की मखौल उड़ाई है, उसकी वास्तविकता पर सन्देह किया है।

'निर्गुण कौन देस को वासी' जैसे पद इसी प्रकार के हैं, किन्तु अधिकतर पदों में उन्होंने निर्गुण की व्यर्थता का ही प्रतिपादन किया है। उनका कहना कुछ इस प्रकार का है कि होगा कोई निर्गुन, पर वह हमारे काम का नहीं है, अतएव हम उस पर अपना सिर क्यों मारें। उद्धव से गोपियों के अधिकांश तर्क इसी मनोभूमि की उपज हैं।

हमने पिछले पृष्ठों में भक्त कवियों को मूलतः जीवन के प्रेमी कवियों के रूप में पेश किया है, कम से कम सूर पर हमारी बात सौ फीसदी लागू होती है। वे प्रेम के कवि हैं, जीवन में रस लेने और देने वाले कवि हैं, और इसीलिए 'भ्रमरगीत' में वे जिस सवाल को पूरी गम्भीरता से उभारते हैं, और गोपियों तथा उद्धव में प्रतिद्वन्द्विता दिखाते हैं, वह निर्गुण-सगुण से उतना सम्बन्ध नहीं रखता वरन् प्रेम बनाम ज्ञान, योग बनाम भक्ति, जैसे मुद्दों को उभारता है। एक ओर ज्ञानी उद्धव हैं, जो गोपियों के समक्ष ज्ञान और योग का पक्ष प्रस्तुत करते हैं, दूसरी ओर कृष्ण की भक्ति तथा प्रेम में आकण्ठ डूबी गोपियाँ हैं, जो उनके तर्कों को काटती हुई भक्ति और प्रेम का पक्ष रखती हैं, और इस झगड़े में सूर आदि ने अन्त तक गोपियों का साथ देते हैं। लगभग सारे ही पदों में यही ज्ञान बनाम प्रेम, योग बनाम भक्ति का द्वन्द्व देख पड़ता है। सूर का प्रेम तथा भक्ति का पक्ष लेते हुए ज्ञान तथा योग की मखौल उड़ाना उनकी प्रवृत्तिमुखी चेतना का ही परिचायक है, उन जैसे रससिद्ध, प्रेमी कवि और भक्त और कुछ कर ही नहीं सकते थे।

यहाँ भी हम कहना चाहेंगे कि प्रेम तथा भक्ति की बात भी सूर अपनी विशुद्ध भक्तिपरक आस्था के तहत नहीं कहते, उन तर्कों को छोड़ दिया जाये जो ठेठ लोकजीवन के सन्दर्भों से उपजे हैं तथा जिन्हें सूर की ग्रामीणाएँ प्रस्तुत करती हैं, गोकि बड़े प्यारे तर्क उनके हैं, तो क्या इन तर्कों के भीतर से सूर की लोकपरक आस्था नहीं झलकती? क्या संसार के मिथ्यात्व की बात को ये तर्क क्षतिग्रस्त नहीं करते? गोपियों का सात्विक निर्मल प्रेम जो इन तर्कों के भीतर से अभिव्यक्ति पा रहा है, क्या नारी धर्म के प्रति, सांसारिक जीवन के प्रति, सूर और उनकी निष्ठा के योग को सूचित नहीं करता? सच पूछा जाये, तो निर्गुण और सगुण सम्बन्धी सारे विवाद भ्रम और वास्तविकता के बीच सूर ने वास्तविकता के पक्ष का समर्थन किया है, संसार के मिथ्यात्व का खण्डन करके उसकी सत्यता को प्रतिष्ठित किया है, रहस्य और योग तथा ज्ञान और वैराग्य की तुलना में सहज सांसारिक धर्म की विजय दिखाई है। क्या यह सूर काव्य की सबसे महत्त्वपूर्ण उपलब्धि नहीं है?

सूर की गोपिकाएँ निर्गुण और सगुण के झगड़े में इसलिए भी नहीं पड़तीं, जैसा कि आचार्य नन्ददुलारे वाजपेयी का कहना है कि उनकी दृष्टि में, जिस सगुण कृष्ण को वह चाहती हैं, वह कौन से निर्गुण से कम हैं? जो कृष्ण चार कोस पर विराजमान होकर भी कभी उनके पास नहीं आता, जिसके रूप के दर्शन तथा

बोल तक सुनने को वे तरस जाती हैं, वह किस निर्गुण से कम उनके लिए निर्गुण है? उस एक निर्गुण को ही झेलना उनके लिए जब इतना त्रासद है, तब उद्धव के बताए दूसरे निर्गुण को वे कैसे स्वीकार करें, कैसे झेलें? बात ठेठ गोपिकाओं के अपने जीवनानुभवों से उपजी है, अतएव उसे दरकिनार नहीं किया जा सकता।

ये सूर काव्य की लोकधर्मी आकृति की कुछ प्रमुख रेखाएँ हैं जिन्हें हमने उकेरने का प्रयास किया है। सूर निश्चय ही एक भक्त कवि हैं, और उनकी कविता भक्ति के भाव में डूबी हुई है। इसमें हमें परेशान होने की जरूरत इसलिए नहीं है कि उस युग में भक्ति का अवलम्ब लेकर ही सूर अपनी बातें कह सकते थे। उनकी धार्मिक आस्थाओं से भी हमें विचलित होने की जरूरत नहीं है, कारण उस युग में धर्म के आवरण से ही बात की जा सकती थी। किन्तु जो कुछ सूर ने समग्रतः व्यंजित किया है, वह धर्म और भक्ति ही नहीं है, उसमें उनकी लोकपरक आस्था की भी, उनकी प्रखर मानवीय संवेदनाओं की भी, उनकी सामाजिक चेतना की भी बहुत बड़ी पूँजी है।

धर्म और भक्ति के बहुत से तत्त्व और उनसे जुड़ा सूर के काव्य का बहुत सा अंश जरूर आज हमारे लिए महत्त्वपूर्ण नहीं रह गया है, किन्तु उनकी कविता का मानवीय अंश जरूर युग सन्दर्भों में बदल जाने पर भी कालजयी साबित हुआ है, और वही हमारी सबसे मूल्यवान विरासत भी है। हम कह चुके हैं कि भक्ति तथा अध्यात्म का सारा तामझाम हटा दीजिए, तो मात्र लोक जीवन की, लोक-संस्कृति की मर्मस्पर्शी छवियों के लिए, वात्सल्य और शृंगार की भरी-पूरी सम्पदा के लिए, और सबसे ऊपर वर्जनाओं तथा कुण्ठाओं से रहित, उमंग तथा उल्लास से परिपूर्ण जीवन के प्रति अप्रतिहत आस्था के लिए, नारी की अस्मिता की अपनी खरी पहचान तथा उसकी आकांक्षाओं को वाणी देने के लिए, सूर हमेशा याद किये जायेंगे। कहना न होगा कि इस अन्धे कवि में लोकजीवन और कविता, दोनों चरितार्थ हुए हैं।

अध्याय सात

हम चाकर रघुबीर के

कुछ समय पहले शासन की ओर से रामचरित मानस की चतुश्शताब्दी आयोजित की गयी थी। यों तो इस अवसर पर जनता की पहल पर भी जगह-जगह आयोजन हुए थे परन्तु शासन की ओर से आयोजित समारोहों में काफी चहल-पहल और चकाचौंध दिखाई पड़ी थी। उनमें बड़े-बड़े राजनेताओं की, समाज के नामी-गिरामी लोगों की, तथा बड़े-बड़े धर्माचार्यों की भी शिरकत थी, और जाहिर है कि इन आयोजनों में तुलसी और मानस की भूरि-भूरि प्रशंसा की गयी थी, उन्हें समाज तथा धर्म का त्राणकर्ता कहते हुए जनता से उनकी सीख पर चलने का आग्रह किया गया था। तुलसी की जो सीख जनता के सामने रखी गयी थी, वह थी, एक धर्मप्राण आचरण को निबाहने की, भक्ति की सच्ची भावना से सब कुछ राम पर छोड़कर निष्काम कर्म करने की, सुख की नींद सोने की।

कुछ लोगों ने तुलसी के बड़प्पन का सन्दर्भ बाबू मैथिलीशरण गुप्त की इन पंक्तियों में खोजते हुए कि 'राम तुम्हारा चरित स्वयं ही काव्य है, कोई कवि बन जाये सहज सम्भाव्य है', मैथिलीशरण जी की भाँति, उन्हें भी, महज इस नाते बड़ा बताया था कि राम के चरित में ही एक जादू है और उस जादू के नाते ही तुलसी आज तक इतने लोकप्रिय और महत्त्वपूर्ण रचनाकार के रूप में सराहे और पहचाने जा रहे हैं। इसके विपरीत जो समारोह जनता द्वारा अपने बलबूते पर आयोजित हुए थे, तुलसी की लोकप्रियता तथा बड़प्पन की थाह वहाँ भी ली गयी थी, किन्तु उसका आधार वे बातें न थीं जिनका जिक्र अभी हम कर चुके हैं। वहाँ सब कुछ परमात्मा पर न छोड़कर, स्वयं की ही मशक्कत से सब कुछ को अर्जित करने को, तुलसी की सीख के रूप में सामने रखा गया था और कहा गया था कि स्वयं तुलसी के राम भी अपनी ही मशक्कत से अपनी प्रिया सीता का उद्धार करते हैं, सेना जुटाते हैं, मौका पड़ने पर क्रोध भी करते हैं, मित्र बनाते हैं, और गोकि बहुत शान्त तथा धैर्यवान हैं, फिर भी, एक सीमा के आगे सहनशीलता को कायरता मानते हैं, आदि-आदि।

धर्मप्राण आचरण की बात पर यहाँ कहा गया था कि सच्चा धर्मप्राण आचरण अन्याय तथा अन्यायी के दमन में ही उभरता है, अपने स्वत्व को छीनने वाले के खिलाफ हथियार उठाने में ही सामने आता है, जैसाकि स्वतः राम का आचरण था। जहाँ तक राम के चरित मात्र के आख्यान से कवि, लोकप्रिय और बड़ा कवि बनने की बात है, मैथिलीशरण जी के, प्रकारान्तर से अपने कवित्व को ही रेखांकित करने के प्रयास पर कोई भी टिप्पणी न करते हुए, केशवदास के उदाहरण से यह स्पष्ट किया गया था कि बड़ा विषय उठा लेने मात्र से ही या महापुरुषों पर लिखने मात्र से ही कविता या कवि बड़ा या लोकप्रिय नहीं हुआ करता।

ऐसी कविता लिखने वाला व्यक्ति कवि भी हुआ करता है, यह बात भी सन्देहास्पद है; कवि बनना, लोकप्रिय और बड़ा कवि बनना वस्तुतः तमाम दीगर बातों पर निर्भर करता है, अन्यथा रामकथा केशवदास ने भी कही है, बड़े आकार में कही है और कविता के लिए जरूरी तमाम सारे शास्त्रीय आदेश-निर्देश के प्रति ईमानदार रहते हुए कही है, पण्डित यों तुलसी भी थे, पर कदाचित् तुलसी से भी ज्यादा पण्डिताई के साथ कही है, फिर भी, क्या कारण है कि मिथिला से मालवा तक करोड़ों हिन्दी भाषियों तथा गैरहिन्दी भाषियों के हृदय मन में तुलसी विराजमान हैं, सदियों से विराजमान हैं और रामकथा कहने वाले दूसरे कवि केशव पुस्तकालयों की शोभा बढ़ा रहे हैं, शोधकर्ताओं के यहाँ ही दिखते हैं, विश्वविद्यालयों के पाठ्यक्रम में कविता की एक विशेष प्रवृत्ति का परिचय देने के नाते ही स्वीकार्य हैं। इसी प्रकार की और भी बहुत सी बातें इन दूसरे समारोहों में सामने आयी थीं। और लगा था कि जैसे पहले प्रकार के तथा दूसरे प्रकार के समारोहों में एक प्रकार से तुलसी के व्यक्तित्व तथा कृतित्व के दो भिन्न-भिन्न संसार उद्घाटित हुए हों।

पहले प्रकार के समारोहों में जहाँ श्रद्धा भावना का, वह वास्तविक श्रद्धा थी या औपचारिक यह और बात है, आधिक्य था और भूलकर भी ऐसी कोई बात सामने नहीं लायी गयी थी जिसमें तुलसी या उनके कृतित्व की किसी प्रकार की आलोचना निहित हो, वहाँ दूसरे प्रकार के समारोहों में तुलसी के बड़प्पन को उनकी तमाम युगगत सीमाओं के सन्दर्भ में, जो अनेक आयामों पर तुलसी की सीमाएँ भी बन गयी हैं, उभारा गया था, और इस नाते तुलसी की पहचान ज्यादा विश्वसनीय तथा प्रामाणिक मालूम पड़ी थी। इन दूसरे प्रकार के समारोहों में जहाँ तुलसी के नासमझ, मौकापरस्त, सुविधाभोगी, न्यस्त स्वार्थ श्रद्धालुओं के तुलसी प्रेम को बेनकाब किया गया था, वहाँ ऐसे तथाकथित प्रगतिशीलों की प्रगतिशीलता का उद्घाटन भी किया गया था जो या तो अपनी आर्यसमाजी आस्थाओं के तहत या अपनी क्रान्तिधर्मी विचारधारा के तहत, और दोनों का ही गलत इस्तेमाल करते हुए, तुलसी को महज इस कारण भारतीय जनता, हिन्दी जनता तथा हिन्दू समाज के लिए घातक और खतरनाक मानते हैं कि उन्होंने धर्म का आश्रय लेकर

धर्मप्रधान कविता लिखी, कि उन्होंने देश की, क्रान्ति के लिए उतारू तथा तैयार जनता को, धर्म की अफीम पिलाकर गुमराह किया, कि उन्होंने सामन्त-युग के आदर्शों तथा सामन्ती व्यवस्था का पक्ष लेते हुए वर्ण-भेद, जाति-भेद आदि की सराहना की, नारी तथा अछूतों को हेय माना, आदि-आदि तथा उन्होंने हिन्दू जनता का मन आर्य संस्कृति तथा आर्य सभ्यता के आदर्शों से हटाकर पुराणवाद की ओर मोड़ा तथा उस क्रान्ति को रोक दिया जो आर्यसमाज वेदों के माध्यम से करने जा रहा था और जो तब तक नहीं हो सकती जब तक तुलसी के दुष्प्रभाव से हिन्दू जनता को मुक्त नहीं किया जा सकता।

अब इन समारोहों की बात छोड़कर हम उस मुख्य सवाल पर आयें जो इन समारोहों के क्रम में उभरकर आया, और जो इस प्रकार के समारोहों के बावजूद हमेशा उठता रहा है, और हमारे लिए हमेशा ही एक चुनौती बना रहा है। वह सवाल है परम्परा के मूल्यांकन का सवाल, और जो तुलसी ही नहीं, हमारे या किसी भी देश के, किसी भी पूर्ववर्ती बड़े रचनाकार के सन्दर्भ में, और रचनाकारों के सन्दर्भ में ही नहीं, अतीत की सम्पूर्ण विरासत के मूल्यांकन के सन्दर्भ से सार्थक और महत्त्वपूर्ण है। सवाल है कि परम्परा के मूल्यांकन की जरूरत क्या है और क्यों है? तुलसी या अतीत के किसी भी बड़े रचनाकार के बड़प्पन को थाह कर आज के युग में हम क्या पायेंगे, और सवाल यह भी है कि उनके बड़प्पन की सही पहचान क्या है और वह हमें किस तरह हो सकती है, तथा अपनी इस सही पहचान से, उनके बड़प्पन की ही, किन्तु गलत पहचान हो, हम अलहदा कैसे कर सकते हैं? तमाम सारे सवाल हैं जो इस क्रम में हमें अपनी ओर मुखातिब करते हैं।

तुलसी का ही उदाहरण लें, तो हमने कहा है कि उनके प्रशंसकों और निन्दकों की एक लम्बी कतार है जो उनके बड़प्पन अथवा उनकी क्षुद्रता के अपने आयाम पेश करती है, और तुलसी के बारे में पण्डा पुरोहितवादी तथा अतिशय प्रगतिशील इस दृष्टिकोण के अलावा, और भी दृष्टिकोण हैं जहाँ भी तुलसी बड़े या छोटे हैं, परन्तु नितान्त भिन्न आयामों पर। ऐसी स्थिति में जरूरी हो जाता है कि हम उक्त सवालों से साक्षात्कार करते हुए तुलसी की अपनी पहचान को उभारें और उसकी विश्वसनीयता को प्रमाणित करें। अतीत, या कि सूर-तुलसी, किसी की दूजारेदारी नहीं हैं कि वही उनका बड़प्पन या छोटापन तय करें, परम्परा के, अतीत के, सजग उत्तराधिकारी होने के नाते हमारा भी हक है कि हम उनके बारे में सही दृष्टि को सामने लायें, उनका दुरुपयोग न होने दें, उन्हें अपने हित में, मनुष्य के हित में, कोटि-कोटि मनुष्यों के आकांक्षित के हित में, उनके जीवन्त, प्रेरणास्पद तथा तेजस्वी अंशों के साथ अपने और अपने समय के साथ ले चलें।

इसके पहले कि हम अतीत या परम्परा पर, उनके मूल्यांकन के सवाल को उठाते हुए, कुछ कहें, हम बहुत साफ तौर पर इस बात को स्पष्ट कर देना चाहते

हैं कि हम अतीत या परम्परा को पूजा-आराधना की वस्तु या महज सौन्दर्य चिन्तन की वस्तु या कोई शौकिया चीज न समझकर वर्तमान में जीने के लिए, और अच्छी तरह जीने के लिए, इस्तेमाल करना चाहते हैं। हमारा मुख्य सरोकार हमारे अपने समय से और उस समय से है जो हमारे आगे है। जब हम अतीत या परम्परा का सवाल उठाते हैं और उनके मूल्यांकन की बात करते हैं तो हमारा आशय यही होता है कि हम उसके उन जीवित जाग्रत और तेजस्वी अंशों की पहचान करना चाहते हैं जिन्हें हम आज भी साथ लेकर चल सकते हैं तथा जो निश्चित रूप से हमारी उन तमाम उपलब्धियों के पीछे हैं, हमारी उस तमाम जद्दोजहद के पीछे हैं, जिनसे वर्तमान में हमारा सरोकार है तथा जिन्हें हम अपने साथ आगे भी ले जाना चाहते हैं।

हम यह मानते हैं कि मनुष्य का केवल वर्तमान ही नहीं होता, उसका अतीत तथा आगत भी होता है। काल को तथा मनुष्य को हम उसकी इस त्रि-आयामी व्याप्ति में ही देखना तथा समझना चाहते हैं। हमारे पहले भी कुछ था जो हमारे वर्तमान के हमारे संघर्षों तथा हमारी उपलब्धियों में मूर्त हैं मनुष्य अपनी विकास यात्रा के क्रम में आज जिस मंजिल तक पहुँच चुका है, वह यात्रा एक निरन्तर चलती हुई यात्रा रही है और रहेगी, हम शून्य में न खड़े होकर एक ठोस जमीन पर खड़े हैं और हमारी विजय-पराजय का अपना एक जीवन्त इतिहास है, यह सारा अहसास वर्तमान के हमारे अभियानों में हमें नयी ताकत देता है, हम अपने को इतिहास से विच्छिन्न न मानकर उसका अंग, उसका निर्माता तथा उसे संचालित करने वाला मानते हैं। इसी नाते हम उन सम्बन्ध-सूत्रों की, उन मंजिलों की खोज करने को उत्सुक होते हैं जो हमें एक जीवित इंसान के रूप में अतीत या परम्परा के जीवित अंशों से जोड़ते हैं, हमारी आज की मंजिलें जिनके आगे की मंजिलें हैं।

कला तथा साहित्य के क्षेत्र में हम इसीलिए उन सेतुओं की तलाश करते हैं जिनसे गुजर कर ही हम आज की स्थिति तक पहुँचे हैं तथा हम यह भी चाहते हैं कि इन सेतुओं को मजबूत किया जाये ताकि इनसे आवाजाही बराबर बनी रहे। परम्परा या अतीत का हमारे लिए यही महत्त्व है, और इसी नाते अतीत के रचनाधर्मियों से भी हम अपने हित में, अपने समय के हित में तथा आगत के हित में, जुड़ना चाहते हैं और कहने की जरूरत नहीं, कि हमारा यह जुड़ना अन्ध रूप से जुड़ना न होकर, बड़ी खरी पहचान तथा बड़े जाग्रत विवेक के साथ, उनके तेजस्वी, जीवन्त तथा प्राणवान अंशों के साथ जुड़ना ही है।

एक दूसरी बात जो इस सन्दर्भ में हम कहना चाहेंगे, वह यह है कि जब हम परम्परा की बात करते हैं तो हमारे सामने अतीत की कोई एक ही परम्परा नहीं होती वरन् परम्पराएँ होती हैं। हम जानते हैं कि हमारा समाज लगभग प्रारम्भ से ही, जब से उसके अन्तर्गत व्यक्तिगत सम्पत्ति का प्रादुर्भाव हुआ, वर्गों में विभक्त समाज रहा है और इन वर्गों में एक उत्पादन के साधनों का स्वामी वर्ग रहा है और

दूसरा उनके तहत अपना श्रम बेचकर गुजारा करने वालों का वर्ग रहा है। वे वर्ग हमारी ईजाद नहीं, इतिहास की सच्चाई हैं, हमने केवल उनकी असलियत को, उनकी स्थिति को ही खोजा है।

जब समाज में श्रम करने वालों का एक वर्ग हो, और वह बहुसंख्यक हो, और दूसरा उनके श्रम का मुनाफा कमाने वालों का, अधिकार भोगने वालों का, और वह नितान्त अल्पसंख्यक हो, तो जाहिर है कि ऐसे वर्ग-विभक्त समाज में परम्पराएँ भी उनके अनुरूप होंगी, अर्थात् एक परम्परा श्रमजीवी जनता की, बहुसंख्यक जनता की होगी तथा दूसरी स्वामी वर्ग की होगी, शासक वर्ग की होगी और शासक के होने के नाते जो समाज का भी प्रभु वर्ग होगा। सवाल है कि इन दो विपरीत परम्पराओं में से हम किसके साथ जुड़ना चाहेंगे और किसे अपनी विरासत मानेंगे। बहुसंख्यक जनता का अंग होने के नाते, जाहिर है कि, हम साधारण जन की परम्परा से ही अपना लगाव मानेंगे और जिसका भी योगदान इस परम्परा को मजबूत करने में होगा, अतीत के उस रचनाकार को ही, उसकी रचना के ऐसे तत्त्वों के साथ लेकर चलना चाहेंगे जिनमें जनता की यह परम्परा अभिव्यक्त हुई है, या मजबूत हुई है। दूसरे शब्दों में, साधारण जनता के पक्षधर रचनाकार हमारी विरासत बनेंगे और हम उन्हें ही आज के सन्दर्भों में, उनके अपने युग को, उस युग के अन्तर्विरोधों को, और उनके अपने अन्तर्विरोधों को मद्देनजर रखते हुए थाहना और मूल्यांकित करना चाहेंगे।

हम इस बात को भी मानते हैं कि किसी युग में शासक वर्ग की विचारधारा ही प्रधान विचारधारा हुआ करती है और उनकी अभिव्यक्ति भी उस युग के कला-साहित्य में प्रधानता से होती है, उन रचनाकारों में भी, जो मूलतः जनता के जीवन से जुड़े रहते हैं, उससे हमदर्दी रखते हैं। ऐसा इसलिए भी होता है कि कोई भी शासक वर्ग प्रारम्भ में साधारण जन का विरोधी नहीं हुआ करता, प्रतिगामी नहीं हुआ करता। कालान्तर में जब उसकी जड़ें जम जाती हैं, वह अपने ही घोषित उसूलों के खिलाफ, अपने को स्थापित रखने के लिए, साधारण जन के हितों के खिलाफ काम करता है। अतएव शासक वर्ग की विचारधारा को प्रत्येक स्तर पर प्रतिक्रियावादी या प्रतिगामी नहीं माना जा सकता और साहित्य तथा कला में उनकी अभिव्यक्ति भी हर स्तर पर अवांछित नहीं होती।

देखने की बात यह है कि किसी रचना में शासक वर्ग की विचारधारा का कौन सा रूप उद्घाटित हुआ और कब हुआ है। दूसरे, हम यह भी मानते हैं कि बड़े रचनाकार सदा ही शासक वर्ग की विचारधारा से बँधकर नहीं रहते, वे उसका अतिक्रमण भी करते हैं, अपनी वर्गीय सीमाओं को छोड़कर अपने को साधारण जनता के साथ जोड़ भी लेते हैं। ऊँचे वर्गों के रचनाकारों ने भी जनता का पक्षधर बनते हुए महान साहित्य की रचना की है, गोकि उनमें अन्तर्विरोध भी देखे जाते

हैं। जो बात ध्यान रखने की है वह यह, कि कौन रचनाकार अपनी वर्गीय सीमाओं का, शासक वर्ग की विचारधारा का, कितनी दूर तक अतिक्रमण करते हुए साधारण जनता का, बहुसंख्यक जनता का, उसके सुख-दुख का, उसके हितों का पक्षधर बनते हुए, कितनी सीमा तक आगे आया है, उसकी रचना के माध्यम से साधारण जनता के जीवन को उसकी असलियत में, उसकी आशा-आकांक्षाओं के साथ हम कितनी दूर तक पहचान सके हैं।

हमारे लिए किसी भी युग के रचनाकारों का बड़प्पन इन्हीं सन्दर्भों तथा इन्हीं मुद्दों में पहचाना जा सकता है। उसकी रचना के वे अंश जहाँ वह अपने समय का अतिक्रमण नहीं कर पाया, हमारे लिए ग्राह्य नहीं होंगे किन्तु वे अंश जहाँ वह अपने समय की अग्रगामी शक्तियों से जुड़ा है, बहुसंख्यक जनता की आशाओं-आकांक्षाओं से उसके सपनों और संघर्षों से, उसके प्रशस्त सौन्दर्य बोध से जुड़ा है, हमारी विरासत होंगे, उसकी हमारे लिए वसीयत होगी।

इस सन्दर्भ में बहुत अतीत के तो नहीं, किन्तु निकट अतीत के तोल्सतोय के लेनिन द्वारा किये जाने वाले मूल्यांकन का हम हवाला देना चाहेंगे, जो परम्परा के मूल्यांकन में हमारे लिए एक मिसाल है, जो किसी भी रचनाकार के मूल्यांकन की एक मिसाल है। जाहिर है कि जहाँ तक विचारधारा का सवाल है, तोल्सतोय की विचारधारा न केवल प्रतिगामी थी, उसे कुछ अंशों में प्रतिक्रियावादी भी कहा जा सकता है। धर्म तथा ईसाइयत के निष्क्रिय आदर्शों पर बल, इतिहास तथा समय की अग्रगामी शक्तियों का विरोध, ये सब बातें उसमें थीं, किन्तु जहाँ तक अपनी जमीन से जुड़े होने, तथा यातनाग्रस्त मनुष्यता के प्रति संवेदना का सवाल है, जहाँ तक यथार्थ को उसकी समूची असलियत में उद्‌घाटित करने की बात है, तथा जहाँ तक मनुष्यता की यातना के लिए जिम्मेदार शक्तियों को बेनकाब करने का सवाल है, तोल्सतोय बेमिसाल हैं।

लेनिन ने तोल्सतोय के चिन्तन तथा उनकी सर्जना के इस अन्तर्विरोध को पहचानते हुए तथा उसे रेखांकित करते हुए जहाँ विचारधारा तथा चिन्तन के धरातल पर तोल्सतोय की कड़ी आलोचना की है, वहाँ उनके ईमानदार, निर्भीक तथा संवेदनशील यथार्थनिष्ठ सर्जक की भूरि-भूरि प्रशंसा की है, और उसे विरासत की तरह स्वीकार किया है। परम्परा तथा अतीत के मूल्यांकन में, उससे सम्बद्ध रचनाकारों के मूल्यांकन में, यही सतर्कता अपेक्षित है अन्यथा हम उसी प्रकार की गलतबयानी, संकुचित मानसिकता, यान्त्रिकता, सरलीकरण तथा स्वीकृति के जिम्मेदार होंगे जो गोस्वामी तुलसीदास के मूल्यांकन के सिलसिले में देख पड़ती है।

पण्डा-पुरोहितवादी-पुराणपंथी तुलसी के प्रशंसकों की बात हम नहीं करेंगे जो उनका इस्तेमाल अपनी मध्यकालीन मानसिकता के प्रचार-प्रसार के लिए, भारत की धर्मभीरु, धर्म प्राण, सदियों के सामन्ती शोषण से पीड़ित जनता की यातना पर

एक मलहम के रूप में, धर्म को सचमुच अफीम का पर्याप्य बनाते हुए, कर रहे हैं, उसकी अशिक्षा, उसे पिछड़ेपन और उसके मध्यकालीन विश्वासों को अपने हित में भुना रहे हैं, हम उन आर्यसमाजियों की प्रगतिशीलता पर भी कुछ नहीं कहना चाहेंगे जिनके लिए वेद ही परम और शाश्वत सत्य हैं तथा जो वैदिक क्रान्ति करते हुए दुनिया का नक्शा बदलने का ख्वाब देख रहे हैं और इसमें बाधा बनकर आने वाले विचारकों-रचनाकारों, मतों तथा मतवादों को पानी पी-पीकर कोस रहे हैं। उन्हें हम महज इस तथ्य की याद दिलाना चाहेंगे कि जिस समय आधुनिक हिन्दी साहित्य का उदय हो रहा था, भारतेन्दु बाबू को भी इस प्रकार की मानसिकता से निपटना पड़ा था, और वे सीधे स्वामी दयानन्द के विरोध में सामने आये थे जो नाटकों को भँड़ैती कहते थे तथा जिन्होंने हिन्दू समाज के लिए निषिद्ध प्रस्तावित की जाने वाली अपनी सूची में रामचरितमानस को भी गिनाया था।

यह सर्वविदित है कि भारतेन्दु ने, जो विपरीत वैष्णव भक्ति के संस्कारों वाले थे, न केवल नाटकों की रचना की, उन्होंने नाटकों में अभिनय भी किया था तथा उस वैष्णव भक्ति-चेतना को, रामचरितमानस की चेतना को जीवित रखा था जो आर्यसमाज के द्वारा प्रहारों का लक्ष्य बनी हुई थी। भारतेन्दु ने इस बात की हँसी उड़ाई थी कि सारा ज्ञान और विज्ञान वेदों में है और हमें पश्चिमी शिक्षा की तरफ से आँख मूँद लेनी चाहिए। भारतेन्दु को हम आधुनिक साहित्य का पिता मानते हैं, तथा राष्ट्रीयता और जनवाद की उसकी विरासत से जुड़ने में गर्व का अनुभव करते हैं। हम तत्कालीन सन्दर्भों में और आज के सन्दर्भों में भी आर्यसमाजी वैदिकवाद की तुलना में उनके वैष्णव भक्ति के संस्कारों को वरीयता देते हैं, और जैसा कि रामविलास शर्मा ने लिखा है जिसका प्रमाण आधुनिक युग को दो महाकवि देते हैं, रवीन्द्रनाथ और निराला, एक जो 'सूर दासेर प्रार्थना' लिखता है, और दूसरा जो 'तुलसीदास' जैसी सशक्त कृति प्रस्तुत करता है, तुलसीदास को अपना आदर्श घोषित करता है।

अधिक विस्तार में न जाकर अब यहाँ यही कहना चाहेंगे कि हमारा सरोकार यहाँ प्रगतिशील विचारधारा के उन हामियों से है जिन्होंने इस विचारधारा को यान्त्रिक रूप से परम्परा के मूल्यांकन पर लागू करते हुए न केवल तुलसी को परम्पराजर्जित, सामन्ती मानसिकता का पोषण, प्रतिगामी पुराणपंथी आदि-आदि कहा, उस विचारधारा अर्थात् मार्क्सवाद के बारे में अनेक प्रकार की भ्रान्तियों को जन्म दिया, उस पर होने वाले विरोधियों के हमले का औचित्य प्रमाणित किया। हमारा विरोध तुलसी के प्रशंसक ऐसे प्रगतिशीलों से भी है, जो तुलसी के वैचारिक अन्तर्विरोधों को नजरअन्दाज कर उन्हें सरापा प्रगतिशील साबित करते हैं। हम जो चाहते हैं वह यही, कि तुलसी की मानसिकता तथा उससे प्रेरित उनकी रचनाशीलता को हम युगीन सन्दर्भों में देखें, उस युग के अन्तर्विरोधों के बीच देखें और उनके

जो प्रतिरूप उसमें उभरे हैं, उन्हें मद्देनजर रखते हुए उनकी सीमाओं के भीतर से उनकी शक्ति को पहचानें, और कहना न होगा कि तमाम सीमाओं के होते हुए भी, जो उनके युगीन समानधर्माओं से भी कमोबेश हमें मिलेंगी, वे बड़े शक्तिवान कवि हैं।

उनकी लोकप्रियता यूँ ही आ गयी चीज नहीं है, जनता के बीच उनकी प्रतिष्ठा का आधार महज जनता का पिछड़ापन और उसकी मध्यकालीन मानसिकता ही नहीं है कहीं न कहीं, किसी न किसी स्तर पर, तुलसी इस जनता के मन-प्राणों को गहराई से छूते हैं, कहीं गहरे जाकर उसे ऐसी परितृप्ति देते हैं, जो न तो उनके युग का कोई दूसरा दे सका था, और न बाद के युगों का भी कोई रचनाकार जनता का इतना प्यार पा सका। तुलसी की इस शक्ति को हमें पहचानना है और अपने तथा आगामी रचनाशीलता के हित में उसे सहेजे रखना है, उसका सही विनियोग करना है।

तुलसी केशव से इसलिए बड़े हैं कि उन्होंने रामकथा अपनी पाण्डिताई का कथन करने के लिए उसकी धाक जमाने के लिए नहीं लिखी, उन्होंने रामकथा एक बड़े परिप्रेक्ष्य के तहत, एक महत् संकल्प के तहत, अपने समय की जरूरत के तौर पर कही, राजदरबारों के वातावरण में उसे न कहकर, ठेठ जनता के बीच बैठकर जन-मन से एकात्म होकर, लोक हृदय की खरी पहचान और लोकचित्त की सही समझ का सम्बल लेकर कही, और उसके अन्तर्गत साधारण जन के अपने सुख-दुख, अपने हर्ष-उल्लास, उसकी अपनी आशा-आकांक्षाओं को इस तरह एकमेक कर दिया कि लोकमानस एक स्तर पर उसमें राम को देखता है दूसरे स्तर पर खुद अपने को प्रतिबिम्बित पाता है। हमने कहीं कहा है कि लोक को पहचानने का दावा तो सभी करते हैं किन्तु लोक की पहचान क्या होती है, इसे हम तुलसी जैसे कवियों से सीख सकते हैं। सुख-दुख के क्षणों में, दैनन्दिन जीवन के नाना प्रसंगों में साधारण जन की वाणी से तुलसी की पंक्तियाँ यूँ ही नहीं फूट पड़तीं, तुलसी ने कहीं गहरे धँसकर उसको जो समझा है, गुना है, यह उसी का प्रतिफल है। लोकमानस या लोक हृदय की तुलसी की इस पहचान को हम उसके 'रामचरित-मानस' में देखते हैं, 'कवितावली', 'गीतावली' में देखते हैं, 'बरवै रामायण' में देखते हैं, उनके दोहों में देखते हैं, जहाँ तुलसी लोक के सुख-दुख, हास-उल्लास, उसकी एक-एक गतिविधि के साथ हैं।

तुलसी की प्रायः ही गुरु-गम्भीर, धर्म और नीति के उपदेशक तथा भक्ति और अध्यात्म की चर्चा करने वाले सन्त के रूप में देखा और पेश किया जाता है। ऐसे लोग कोमल वृत्तियों के अद्भुत चितेरे के रूप में तुलसी की उपेक्षा करते हैं और तुलसी की बड़ी गलत पहचान हमें देते हैं। ये तुलसी ही हैं जो राम और सीता की विवाह-पूर्व अनुरक्ति का वर्णन करते हैं, 'कंकण के नग की परछाहीं में राम के रूप को चुपचाप निहारती जानकी से हमें परिचित कराते हैं', राम-जानकी विवाह प्रसंग

में, राम-लक्ष्मण आदि के जन्म के प्रसंग में, परिवार के जनों के बीच होने वाली ठिठोलियों में रस लेते हैं, मांगलिक अवसरों पर उभर उठने वाले उल्लास को मुग्ध होकर वाणी देते हैं, राम-वन-गमन के प्रसंग में ग्रामवधुओं की मनोरम कानाफूसी तथा सीता और उनके बीच होने वाली इशारेबाजी का चित्रण करते हैं। 'रामलला नहछू' में तुलसीदास की रसिकता का उदाहरण देखिए :

अहिरिनि हाथ दहेड़ि सगुन लेइ आवहि हो।
उनरत जोबन नृपति मन भावहि हो ॥
रूप सलोनि तंबोलिनि बीरन हाथहि हो।
जाकी ओर बिलोकहि मन तेहि साथहि हो ॥
काहे रामजिउ सांवर लछिमन गोर हो।
की दहुं रानि कौसिलहि परिगा मोर हो ॥
राम अहहिं दसरथ के लछिमन आनक हो।
भरत सत्रुहन भाइ तौ श्री रघुनायक हो ॥

'बरवै रामायण' में सखियों का परिहास इन शब्दों में अभिव्यक्त हुआ है :

का घूँघट मुख मूँदहु नबला नारि।
चाँद सरग पर सोहत यह अनुहारि ॥
गरब करहु रघुनन्दन जनि मन माहिं।
देखहु आपनि मूरत सिय के छाँह ॥
उठी सखी हैसि मिस करि कहि मृदु बैन।
सिर रघुबर के भए उनींदे नैन ॥

ग्रामवधुओं और सीता के बीच संकेत में होने वाली बातचीत की पंक्तियाँ बहुत प्रसिद्ध हैं :

'पूछति ग्रामवधू सिय सो, कहो सांवरे से सखि रावरे को हैं?'

और सीता का उत्तर भी कम मार्मिक नहीं है :

बहुरि बदन विधु अंचल ढाकी।
पिउ तन चितै भौंह करि बांकी ॥
खंजन मंजु तिरीछे नैननि।
निज पति कहेउ तिनहिं सिय सैननि ॥

और ये तो सुख के प्रसंग हैं, दुख तथा अवसाद के प्रसंगों में मन की गहराइयों में जाकर वे उसके कोमल से कोमल तार को झंकृत कर देते हैं, वह दशरथ के मरण का प्रसंग हो, राम के वन-गमन का प्रसंग हो, भरत और राम के मिलन का प्रसंग हो, भात अथवा विभीषण की आत्मग्लानि का प्रसंग हो, लक्ष्मण के शक्ति से आहत होकर मूर्च्छित होने और राम के विलाप का प्रसंग हो, आदि-आदि।

दुख तथा अवसाद के अवसरों के ढेरों प्रसंग उद्धृत किये जा सकते हैं। हम केवल एक प्रसंग का संकेत करेंगे। लक्ष्मण के शक्ति लगने के प्रसंग में राम को सबसे अधिक चिन्ता विभीषण की है :

मेरो सब पुरुषारथ थाको।
विपति बटावन बन्धु बाहु बिनु करौं भरोसो काको ॥

गिरि कानन जैहें शाखामृग, हों पुनि अनुज संघाती।
ह्वै है कहा विभीषण की गति रही सोच भरि छाती ॥

गरज यह, कि तुलसी मन की कोमल-मृदु वृत्तियों के भी उतने ही सक्षम चितेरे हैं, जितने जीवन के रुक्ष-कठोर रूप के। यह सब गोस्वामी जी इसी कारण कर सके हैं कि वे मानव हृदय के समूचे प्रसार तक समान गति रखने वाले कवि हैं, और सबसे बड़ी बात यह कि वे जीवन को अबाध स्वीकृति देने वाले कवि हैं।

जीवन से पराङ्मुख होकर मूड़ मुड़ाकर संन्यासी बन जाने वालों की उन्होंने कठोर भर्त्सना की है; उनके राम जिस प्रकार ठेठ जीवन के बीच से अपना रास्ता निकालते हैं, वैसी ही सीख उनकी सबको है। यदि गोस्वामी जी जीवन से उदासीन, संसार को असार और माया मानने वाले कवि होते, वे जनता के दुखों का, उसकी वेदना का, चारों ओर फैली विकृति का, कलि के अभिशापों का इतना विस्तृत और हृदयद्रावक वर्णन नहीं करते। वे अकाल पर लिखते हैं, साधारण जन की दरिद्रता पर लिखते हैं, पेट की आग पर लिखते हैं, किसान की किसानी, वणिक के वाणिज्य, चाकर की चाकरी, उसकी क्षति पर द्रवित और क्षुब्ध होते हैं :

किसमी, किसान-कुल, बनिक, भिखारी भाँट,
चाकर, चपल नट, चोर, चार, चेटकी ।
पेट-को पढ़त, गुन गढ़त, चढ़त गिरि,
अटल गहन-बन आहन अखेट की ॥
ऊँचे-नीचे करम, धरम-अधरम करि,
पेट ही को पचत बेचत बेटा-बेटकी ।
तुलसी बुझाइ एक राम घनस्याम हीं तें,
आगि-बड़वागि तें बड़ी है आग पेट की ॥
खेती न किसान को, भिखारी को न भीख,
बलि, बनिक को बनिज न, चाकर को चाकरी ॥
जीविका विहीन लोग सीद्यमान सोचबस,
कहैं एक एकन सो कहाँ जाइ का करी ॥
बेहदू पुरान कही, लोकहू बिलोकियत,
सांकरे सबै पे राम रावरे कृपा करी ।

दारिद दसारन दबाई दूनी दीनबन्धु,
दुरित दहन देखि तुलसी हहा करी॥

तथा अपने समय के शासक समाज पर कठोर टिप्पणी करते हैं, उसे शाप देते हैं :

राज करत बिनु काजही करै कुचालि कुसाज।
तुलसी ते दसकंध ज्यों जइहैं सहित समाज ॥
राज करत बिनु काज ही ठटहिं जू कूर कुठाट।
तुलसी ते कुरुराज ज्यों जइहैं बारहबाट ॥
जासु राज प्रिय प्रजा दुखारी।
ते नृप अवसि नरक अधिकारी॥

यही नहीं, 'विनय पत्रिका' में कलि अत्याचारों तथा कलि के अभिशापों से ग्रस्त जन-समाज के प्रतिनिधि बनकर राम को विनय की पत्रिका भेजते हैं, उनसे जन की मुक्ति की दरख्वास्त करते हैं। जनता के दुख-दैन्य के इतने यथार्थ और मर्मस्पर्शी चित्र तुलसी इसी कारण दे पाते हैं कि उन्होंने स्वयं अपने व्यक्तिगत जीवन में उनका अनुभव किया था। वस्तुतः तुलसी पर कोई राय बनाने के पहले हमें तुलसी के 'मानस' को ही नहीं, 'बरवै रामायण', 'गीतावली', 'कवितावली', 'विनय पत्रिका', 'हनुमान बाहुक' आदि, सभी कृतियों को पढ़ना चाहिए। ये वे कृतियाँ हैं जो तुलसी की मानसिकता के भिन्न-भिन्न पक्षों को हमारे सामने लाती हैं, गोकि राम के प्रति अप्रतिहत आस्था सब में समान है।

निर्गुण और सगुण भक्ति की बात को लेकर प्रायः निर्गुण और सगुण भक्ति के कवियों की तुलना की जाती है, और लगभग यह मानकर चला जाता है कि निर्गुण भक्ति के कवि सगुण भक्ति के कवियों की तुलना में अधिक प्रगतिशील, अधिक जाग्रत तथा अधिक जनप्रिय हैं, जनता से अधिक जुड़े हुए हैं। इस स्थापना में सत्य का अंश आधा ही है। हम स्वयं कबीर आदि के प्रसंग में कबीर तथा निर्गुण भक्ति के दूसरे कवियों की तेजस्वी सामाजिक चेतना का उल्लेख कर आये हैं। हम स्वयं निर्गुण कवियों की विद्रोही वाणी, उनकी मनुष्यता, वर्ग वर्ण आदि के भेदों को ढहाकर उनके द्वारा सामने लाये गये मनुष्य सत्य की अकुण्ठित भाव से प्रशस्ति कर आये हैं, और चूँकि ये बातें सही हैं अतएव हमने इस सन्दर्भ में आचार्य शुक्ल तक की अनेक मान्यताओं से अपनी दृढ़ असहमति व्यक्त की है। हमने गजानन माधव मुक्तिबोध की इस मान्यता को भी दूर तक स्वीकार किया है कि सगुण कृष्ण भक्ति से सगुण राम भक्ति तक आते-आते भक्ति-आन्दोलन का 'मनुष्य सत्य' अपना बहुत कुछ ताप खो देता है और भक्ति-आन्दोलन का नेतृत्व उच्च वर्णों ने लिया नहीं कि पुरानी व्यवस्था को मजबूत किया जाना प्रारम्भ हो जाता है।

यह सारी बात काफी हद तक सही है। परन्तु मुक्तिबोध ने जो उदारता कबीर के रहस्यवादी रूप को समझाने में बरती है, हमें कहना पड़ता है, वैसे तुलसी के बारे में नहीं बरती। यह सही है कि तुलसी वर्णाश्रम की सीमाओं का अतिक्रमण नहीं कर पाये हैं, गोकि वर्णाश्रम का रूप वे कैसा चाहते थे यह बात उनके रामराज्य की परिकल्पना में उभरकर सामने आ जाती है अर्थात् रामराज्य में सरयू के तट पर भाँति-भाँति के मनोहर घाट बने हुए हैं जहाँ चारों वर्णों के लोग बिना किसी भेदभाव के स्नान कर रहे हैं। वर्ण चारों बरकरार हैं, किन्तु लोगों में भेदभाव नहीं है।

तुलसी की अपनी सामाजिक चेतना इतनी दूर तक ही जा सकी है, शास्त्र और वेदसम्मत पथ की उनकी व्याख्या जरूर पुरोहितों जैसी नहीं है। हम इन्हें तुलसी की सोच की सीमा के रूप में मानते हैं, और उन्हें ढकना नहीं चाहते। हम मानते हैं कि जहाँ तक विचारधारा का स्तर है, तुलसी के अनेक विचारों से हमारी, या आज की प्रगतिशील मानसिकता की संगति नहीं बैठती। मुक्तिबोध ने बावजूद तुलसी की विचारधारा की इस सीमा की आलोचना करते हुए, उन्हें वर्णाश्रम का पुनर्प्रतिष्ठापक मानते हुए भी, उनकी अनेक पक्षों में भूरि-भूरि प्रशंसा की है, लोक मन की उनकी जानकारी के लिए, लोक जीवन से उनकी सम्पृक्ति के लिए, जन की व्यथा की उनकी पहचान के लिए तथा राम के आगे मनुष्य मात्र को समान समझने की उनकी सोच के लिए, और तुलसी की जनमानस के बीच जो लोकप्रियता है उसको उन्होंने भी यूँ ही आ गयी नहीं माना है। (नयी कविता का आत्मसंघर्ष तथा अन्य निबन्ध, 94) यह मुक्तिबोध की ईमानदार तथा सही समीक्षा दृष्टि है।

हम जो बात यहाँ कहना चाहते हैं वह यह है कि निर्गुण कवियों की वाणी पर रायजनी करते हुए हमें उसे समग्रता में देखना चाहिए। कबीर का ही उदाहरण लें, तो जहाँ कबीर प्रशस्त तथा खरी सामाजिक चेतना के कवि हैं, प्रशस्त मानवीयता के पैरोकार हैं, विद्रोही और क्रान्तद्रष्टा हैं वहाँ उनके कृतित्व का एक पक्ष नितान्त एकान्तिक है, उनकी साधना का एक आयाम अतिशय गूढ़, रहस्य बोझिल तथा साम्प्रदायिक है। यह कबीर का रहस्यवाद है, जिसकी आचार्य शुक्ल ने आलोचना की है, और काफी कुछ सही आलोचना की है। कबीर यहाँ अनहद नाद सुनते हैं, कुण्डलिनी जगाते हैं, योग की गुह्य क्रियाओं को सम्पादित करते दिखाई पड़ते हैं, और उलटबासियाँ भी करते हैं, जो पण्डितों को शान्त करने के लिए भी हैं, पर जो उनकी रहस्यानुभूतियों की अभिव्यक्ति भी हैं।

जाहिर है कि नितान्त व्यक्तिगत साधना पर आधारित योगपरक रहस्यवाद अपने चरित्र में जनवादी नहीं है, और कबीर का एक दूसरा रूप पेश करता है। यह कबीर की सीमा है जिसकी ओर से हमें आँख नहीं मूँदनी चाहिए। हमने इसे कबीर की चेतना पर पड़े युग के निशानों के रूप में रेखांकित किया है, कबीर के

अन्तर्विरोध के रूप में देखा है, जिससे कबीर उबर नहीं पाते, और उनकी मृत्यु के बाद उसके नाम पर खड़ा होने वाला पंथ उनकी इस गूढ़, रहस्यमयी और दुरूह साधना को ही जनता के बीच भुनाता है। कबीर ने इसकी लीक न डाली होती तो वे और भी महान बनकर, एकदम तपे हुए कुन्दन की तरह निखरते। मुक्तिबोध ने कबीर की इस सीमा को पहचाना है और उसका उल्लेख किया है। उन्होंने कहा है कि उन्हें उसके समाजशास्त्रीय आधार में दिलचस्पी है गोकि वह कबीर की एक सीमा है। उनका कहना है :

> और जब हम कबीर आदि महान जनोन्मुख कवियों का सन्देश देखते हैं तो हम उनके रहस्यवाद से भी मुँह मोड़ना चाहते हैं, हम उस रहस्यवाद के समाजशास्त्रीय अध्ययन में दिलचस्पी रखते हैं, और यह कहना चाहते हैं कि निर्गुण मत की सीमाएँ तत्कालीन विचारधारा की सीमाएँ थीं। जनता का पक्ष लेकर जहाँ तक जाया जा सकता था वहाँ तक जाना हुआ। निम्नजातीय वर्गों के इस सांस्कृतिक योग की अपनी सीमाएँ थीं। ये सीमाएँ उन वर्गों की राजनीतिक चेतना की सीमाएँ थीं। आधुनिक अर्थों में वे वर्ग कभी जागरूक सामाजिक-राजनीतिक संघर्ष पथ पर अग्रसर नहीं हुए। इसका कारण क्या है? यह विषय यहाँ अप्रस्तुत है। केवल इतना ही कहना उपयुक्त होगा कि इस संघर्षहीनता के अभाव का मूल कारण भारत की सामन्त युगीन सामाजिक-आर्थिक रचना में है। दूसरे, जहाँ ये संघर्ष करते से दिखाई दिये वहाँ उन्होंने एक नये सामन्ती वर्ग को ही दृढ़ किया जैसा कि महाराष्ट्र में हुआ। (वही)

यह सही दृष्टि है जिसे मुक्तिबोध ने यहाँ प्रत्यक्ष किया है। हमारा कहना है कि तुलसी की वैचारिक सीमाएँ भी उनके अपने युग की सीमाएँ थीं। वे भी जहाँ तक उठ सकते थे, उठे, और जहाँ से आगे नहीं जा पाये, उसके अपने आर्थिक सामाजिक कारण हैं।

सवाल है कि जहाँ तक तुलसी उठे वहाँ तक हमें उनकी मानसिकता को एक दूसरे ढंग से उभारना है। इस तथ्य को भूलकर वर्णाश्रम के पुनर्प्रतिष्ठापक के रूप में उनकी छवि को रेखांकित करना और उसे गाढ़ा करना सही नहीं है। हमें इस प्रसंग में यह भी नहीं भूलना चाहिए कि गोकि निर्गुण मत के निम्नवर्गीय सन्तों की सामाजिक प्रखरता में उनके अपने भोगे हुए अनुभवों का या अपनी जाति की अधम अवस्थाओं से उत्पन्न उनकी प्रतिक्रिया का गहरा योग है फिर भी तुलसी आदि सन्तों ने भी साधारण जन के दुख-दर्दों को पूरी संवेदना के साथ उभारा है। यह मुक्तिबोध भी मानते हैं कि भक्ति आन्दोलन के मूल में जनता के दुख-दर्द ही हैं और तुलसी जैसा कवि जनता के दुख-दर्द का कथन ही नहीं करता, उसके यथार्थ चित्र देता है, व्यापक सामाजिक परिदृश्य में उन्हें अलग से रेखांकित करता है, तो यह सरल बात नहीं है।

हम कह चुके हैं कि जनता की वेदना को, उसके सुख-दुख को, उसकी पीड़ा को, जितने विस्तार से तुलसी ने मूर्त किया है, 'मूर्त' शब्द पर विशेष ध्यान दिया जाये, उतना निर्गुण कवि नहीं कर सके हैं। उनके यहाँ आक्रोश है, फटकार है, विद्रोह है, सामाजिक समता की दलीलें हैं, किन्तु देश-दशा के, साधारण जन के दुख-दर्द से भरे जीवन के, उतने यथार्थ, हृदयद्रावक तथा मर्मस्पर्शी चित्र नहीं हैं। यह निर्गुण कवियों का अवमूल्यन नहीं, उनकी प्रखर सामाजिक चेतना की उपेक्षा नहीं, एक वास्तविकता का कथन है। सगुण कवियों की, तुलसी की, तमाम वैचारिक सीमाओं के बावजूद हमें उनकी इस शक्ति को स्वीकार करना चाहिए।

ये सगुण कवि रहस्यवादी नहीं हैं इस नाते अलख का विरोध करते हैं, घट में राम की बात की कुछ सन्दर्भों में मजाक बनाते हैं, रहस्यमयी गुह्य साधना को अहेतुक मानते हैं, तो इसे सीधे कबीर जैसे कवि का विरोध नहीं मानना चाहिए। यह उस प्रवृत्ति की भर्त्सना है, उन क्रियाकलापों की मखौल है, उस रहस्यचर्या का खण्डन है, जिसके बल पर तमाम नकली साधु, साधक, वामाचारी, कापालिक, निर्गुनिए साधारण जनता को ठग रहे थे, उसे भक्ति के प्रशस्त पथ से गुमराह कर रहे थे, वैराग्य का प्रतिपादन कर रहे थे। कहना न होगा कि मूड़ मुड़ाकर संन्यासी बन जाने वालों की एक अच्छी-खासी जमात उस युग में तैयार हो गयी थी जिसके चलते सारा पारिवारिक-गार्हस्थिक जीवन विशृंखल होता जा रहा था। कोई भी संसार को माया घोषित करके घर से निकल पड़ता था। सगुण भक्तों की अलख, घट, योग, रहस्य साधना आदि के प्रति कठोर प्रतिक्रियाओं को इस सन्दर्भ में भी देखना चाहिए, उन्हें मात्र कबीर का विरोध नहीं मानना चाहिए। कबीर जैसे कितने साधक उस युग में इस तेजस्विता के साथ उभरे, और जो उभरे वे हमारे वरेण्य हैं, परन्तु उनकी बातों को उनके मतावलम्बियों ने उस ऊँचाई पर ही ग्रहण नहीं किया, छुटभैयों ने उसका जो दुरुपयोग किया, उससे भी हम परिचित हैं।

तुलसी की नारी राम्बन्धी उक्तियों की खरी आलोचना की जाती है, यद्यपि वह बहुत कुछ अतिरंजित भी है। हम यहाँ इस मुद्दे की अधिक चर्चा नहीं करना चाहेंगे। इस मुद्दे पर डॉ. रामविलास शर्मा ने बहुत सारी बातें कह दी हैं। किन्तु एक क्षण के लिए हम मान भी लें कि तुलसी की नारी-सम्बन्धी विचारणा सामन्ती आदर्शों से अनुप्रेरित है और वे नारी-मुक्ति के हिमायती नहीं हैं, परन्तु हम कबीर और दूसरे तमाम निर्गुणियों की उस मान्यता का क्या करेंगे जिसके तहत उसे माया, ठगिनी, मोक्ष के मार्ग की बाधा, आदि-आदि कहा गया है। नारी अस्मिता का कौन सा रूप इस प्रकार की मान्यताओं से उभरता है, इसे मद्देनजर रखते हुए ही तुलसी की नारी सम्बन्धी मान्यता पर रायजनी की जा सकती है, उस तुलसी की, जिसके बारे में रामविलास शर्मा का कहना है कि शायद नारियों के हर्ष-उल्लास के, लोकजीवन के बीच उनके दैनन्दिन क्रियाकलापों के, उनके पारस्परिक हास-परिहास

के, उनके दुख-दर्द के, उनकी पारिवारिक-सामाजिक भूमिका के, जितने चित्र तुलसी ने दिये हैं, उतने और किसी ने नहीं दिये (परम्परा का मूल्यांकन, पृ. 80)। 'कस विधि सृजी नारि जग मांही, पराधीन सपनेहुँ सुख नाहीं', यह पंक्ति तुलसी ने ही लिखी है, और कहने की जरूरत नहीं कि इसके मूल में नारी जीवन की व्यथा का उनका बड़ा निश्छल साक्षात्कार ही है।

सीता के वियोग में आकुल राम का हृदयद्रावक चित्र नारी-विरोधी या सामन्ती मानसिकता से आक्रान्त व्यक्ति नहीं प्रस्तुत कर सकता। राम का सारा अभियान सीता की मुक्ति के लिए है, जो उन्हें प्राणों से भी ज्यादा प्रिय है। सीता के प्रति राम के प्रेम में जो तीव्रता, गहराई तथा आवेग तुलसी ने चित्रित किया है वह भी हर किसी के बूते की बात नहीं है। तुलसी उसे इस कारण चित्रित कर सके कि कभी उन्होंने भी प्रिया के प्रति, नारी के प्रति, वैसी ही तड़प, वैसे ही उदग्र प्रेम का अनुभव किया था। तुलसी नारी-विरोधी नहीं हैं, वे नारी को माया मानने वालों के साथ नहीं हैं, नारी के प्रति पुरुष के अदम्य आकर्षक को वे समझते हैं, वे वैरागी नहीं हैं। रामचरितमानस की समाप्ति करते हुए भी वे नारी के प्रति पुरुष के आकर्षण की तीव्रता को नहीं भूलते, और उसे उस स्तर पर रखते हैं जिस स्तर पर भगवान के प्रति भक्त का आकर्षण होता है। वे कामना करते हैं कि राम उन्हें वैसे ही और उतने ही प्यारे हों जिस प्रकार कामी व्यक्ति को नारी प्रिय होती है :

कामिहिं नारि पियारि जिमि, लोभिहिं प्रिय जिमि दाम।
तिमि रघुनाथ निरंतर प्रिय लागहु मोहिं राम ॥

यह अनुभव भी तुलसी का अपना अनुभव था, तभी वे उसे इस प्रसंग में भी भूल नहीं पाये हैं।

तुलसी के दैन्य की हमने चर्चा की है, और कहा है कि दैत्य का ऐसा चित्र वे इसी नाते दे सके हैं कि उन्होंने उसे साक्षात् भोगा था। 'कवितावली' में इसके ढेर सारे प्रमाण हैं जहाँ उन्होंने अपना आत्मपरिचय कहा है :

जायो कुल मंगन बधावनो बजायो सुनि,
भयो परिताप-ताप जनक को
बारे ते ललात बिललात द्वार द्वार दीन,
जानत हो चारि फल, चारि ही चनक को ॥
तुलसी सो साहिब समर्थ को सुसेवक है,
सुनत सिहात सोच बिधिहू गनक को।
नाम, राम, रावरो सयानो किधौं बावरो,
जो करत गिरी तैं गरु तृन ते तनक की ॥

दैन्य, राम के प्रति, तुलसी की भक्ति का भी अविभाज्य अंग है। बिना राम की शरण में अपने को अर्पित किये तुलसी की भक्ति वैसी निखर भी नहीं सकती

थी जैसी की वह निखरी है। हनुमान बाहुक में घोर शारीरिक यन्त्रणा के बावजूद वे राम पर अपना विश्वास नहीं खोते। यह उनकी आस्था है। तुलसी राम के सामने दीन होने में संकोच भी नहीं मानते। वे अपने लिए कम, साधारण जन के लिए अपने आराध्य के समक्ष अधिक नत हुए हैं। 'विनय पत्रिका' उन्होंने युग को कलि के शाप से उबारने के लिए पेश की है। यहाँ दीनता की पराकाष्ठा है, प्रपत्ति का सम्पूर्ण उत्कर्ष है। किन्तु तुलसी दीन केवल अपने आराध्य के समक्ष ही हुए हैं। कोई भी प्राकृत जन उन्हें अपने समक्ष नत नहीं कर पाया। उनकी दीनता यदि अपना सानी नहीं रख़ती तो उनके आत्मसम्मान को भी मिसाल नहीं है। अपने को राम के समक्ष अर्पित कर वे निर्भय हो उठे हैं और अपने समय की बड़ी से बड़ी सत्ता पर भी कठोर टिप्पणियाँ करने से नहीं चूके हैं।

हमने कहा है कि आत्मसम्मान से दृप्त तुलसी, या सन्त कवियों की इस वाणी के पीछे जो शक्ति है वह और कुछ नहीं, अपने आराध्य के प्रति उनकी अखण्ड निष्ठा तथा साधारण जन से उनकी गहरी सम्पृक्ति का ही प्रतिफल है। जिस युग में सत्ता की चापलूसी आम बात बन गयी हो, भौतिक सुख-सुविधाओं को इकट्ठा करने के लिए होड़ मची हो, सत्ता के एक कृपा-कटाक्ष के लिए बड़े-बड़े आदर्श ताक पर रख दिये जाते हों, उस युग में नर की मनसबदारी को लानत मानना सरल बात नहीं है। बहुत बड़ी आस्था वाला व्यक्ति ही ऐसा कह सकने का साहस कर सकता है। तुलसी में यह आस्था थी, तभी वे ऐसा कह सके :

हम चाकर रघुबीर के पटौ लिखौ दरबार।
तुलसी अब का होहिंगे नर के मनसबदार ॥

हम अपने खुद के समय को देखें और अपने खुद के चरित्र को थाहें। मुक्तिबोध ने गलत नहीं लिखा कि आज बड़े से बड़े लोग रावण के घर पानी भरते हैं। ऐसी स्थिति में तुलसी की या सन्त कवियों की प्रतिगामिता की चर्चा कर, उसके बारे में खोजपूर्ण दलीलें देकर हम अपने को सन्तोष भले दे दें, जिस आस्था के तहत तुलसी नर की मनसबदारी को लानत मानते हैं, या कुम्भनदास सीकरी तक अपनी दौड़ पर पछताते हैं, जब तक वैसी निष्कम्प आस्था की पूँजी हम नहीं जुटाते, हमारी बहुत सी आलोचना का अर्थ नहीं रह जाता। तुलसी ने अपने समय में बहुत भोगा था। सही है कि वे वर्ण-धर्म की चारदीवारी नहीं लाँघ पाये, परन्तु इस वर्ण-धर्म के ठेकेदारों से उन्होंने कम दुख और कम अपमान नहीं पाया था। बड़े क्षोभ के साथ और बड़ी निडरता के साथ उन्होंने धर्म तथा समाज के प्रभुओं को भी लताड़ा है, और कहा है कि आज तुलसी को राम ने अपना लिया तो वह बड़ा बन गया, किन्तु कल तक तुम लोग कहाँ थे :

धूत कहौ, अवधूत कहौ,
रजपूत कहौ, जुलहा कहौ कोऊ।

काहू की बेटी सो बेटा न व्याहब,
काहू की जाति बिगारि न सोऊ॥
तुलसी सरनाम गुलाम है राम को,
जाकौ रुचै सो कहौ कछु कोऊ।
माँगि के खइब, मसीत को सोइबो
लेबे को एक, न देबे को दोऊ॥
मेरी जाति-पाति, न चहौं काहू की जाति-पांति,
मेरे कोऊ काम को, न हों काहू के काम को।
लोक परलोक रघुनाथ ही के हाथ सब,
भारी है भरोसो तुलसी के एक नाम को ॥
कोहू कहै करत कुसाज दगाबाज बड़ो,
कोऊ कहै राम को गुलाम खरो खूब है।
साधु जाने महा साधु, खल जानै महाखल,
बानी झूठी-सांची कोटि उठत हबूब है॥
चहत न काहू, सो, न कहत काहू की कुछ,
सबकी सहत उर अंतर न ऊब है।
तुलसी को भलो पोच हाथ रघुनाथ ही के,
राम की भगति भूमि मेरी मति दूब है ॥
तहै न फूटी कौड़िहू, को चाहे केहि काज।
सो तुलसी महंगो किया, राम गरीब नेवाज ॥

यह पैनी व्यंग्योक्ति तुलसी की आन्तरिक पीड़ा के साथ समाज तथा धर्म के ध्वजाधारियों के असलियत को भी उजागर करती है।

तुलसी लोकजीवन की मधुर-तिक्त अनुभूतियों के मुग्ध और सजग गायक हैं। इस लोकजीवन की एक-एक छवि को उनकी कृतियों में देखा जा सकता है। वे अन्याय का सक्रिय प्रतिरोध करने की सलाह देने वाले और राम के रूप में उसका आदर्श पेश करने वाले समाज द्रष्टा हैं। वे आत्मसम्मान से दीप्त एक निर्भीक जननायक हैं। अकबर के शासन काल में उसके राज्य से बढ़कर राम के राज्य को वही बता सकते थे। वे जीवन की बहुरंगी छवियों के, उसकी समग्रता के, अत्यन्त कुशल चितेरे हैं। लोकचित्त में उनकी पीठ की मिसाल नहीं है। लोकप्रियता में वे अनन्य हैं। उनकी सीमाएँ भी हैं, किन्तु भारतीय जनता, विशेषतः हिन्दी प्रदेश की जनता से उन्हें जो आत्मीयता मिली है वह उनकी शक्ति का प्रमाण है। इस आत्मीयता के बड़े जाग्रत सन्दर्भ हैं, जिनकी उपेक्षा करके तुलसी की सही छवि को नहीं आँका जा सकता।

अध्याय आठ

गुरु गोविंद सिंह

नानक ने अपने समय की आध्यात्मिक रिक्तता, सामाजिक विसंगति तथा धार्मिक अतिवाद को लक्ष्य कर सिंख धर्म की नींव डाली, कालांतर में गुरु हरगोविंद ने उनका नया संस्कार किया और उसी कड़ी में दसवें गुरु गोविंद सिंह ने उसे और भी प्रखर बनाते हुए एक नयी शक्ल ही दे दी। गोविंद सिंह गुरु तेगबहादुर के पुत्र थे जो औरंगजेब के अतिशय कठोर मजहबी शासन की बलि चढ़े। पिता के बलिदान ने बालक गोविंद सिंह को भीतर तक उद्वेलित कर दिया और सिख धर्म का उनके द्वारा जो भी नया संस्कार हुआ, उसके मूल में औरंगजेब के अतिवादी धार्मिक आग्रहों के खिलाफ एक सात्विक बगावत का भाव अनिवार्य रूप से जुड़ा है।

औरंगजेब, गोकि अपने व्यक्तिगत जीवन तथा आचरण से निहायत बेदाग तथा सात्विक आचरण वाले मुगल शाहंशाह के रूप में ख्यात हैं, जहाँ तक उसकी शासन-नीतियों तथा उसके मजहबी आग्रहों का सवाल है, उसकी कट्टरता की भी इतिहास में उतनी ही चर्चा है। जाहिर है कि अकबर ने मुगल साम्राज्य को जो उदार आशय तथा स्वरूप प्रदान किया था, औरंगजेब तक न केवल वह कायम नहीं रह सका, उल्टे नष्ट भ्रष्ट हो गया। गैरइस्लामी धर्म मतों, हिन्दू धर्म की बात छोड़ दी जाये, तो कट्टर सुन्नी उसूलों से रंचमात्र भी हटे वे तमाम सम्प्रदाय भी उसके मजहबी आवेश का वैसा ही शिकार बने जो इस्लाम के अनुयायी थे। सरमद जैसे सूफी फकीर की हत्या जिस प्रकार औरंगजेब के आदेश पर हुई वह सब उसके धार्मिक अतिवाद तथा कट्टार मजहबी आवेश की कहानी ही कहता है। ऐसी स्थिति में, जाहिर है, कि गैरइस्लामी धर्म मतों के लोगों में उसके खिलाफ तीव्र प्रतिक्रिया होती, और वह हुई भी। सतनामियों ने औरंगजेब के खिलाफ जो लड़ाइयाँ लड़ी, मराठों ने उसके खिलाफ जिस प्रकार एक लम्बे युद्ध का सिलसिला शुरू किया, और अन्ततः सिखों के साथ उसके जो युद्ध हुए वे सब एक स्तर पर औरंगजेब के मजहबी आवेश के खिलाफ और इस्लामी धर्म मतों के संगठित अभियान ही बन जाते हैं।

जाहिर है, कि औरंगजेब के खिलाफ हिन्दुओं, सिखों तथा सतनामियों आदि के जो युद्ध हुए वे किसी भी प्रकार की संकीर्ण साम्प्रदायिकता से प्रेरित नहीं थे,

अर्थात् वे युद्ध मुसलमानों के शासन के खिलाफ लड़े गये हिन्दुओं के युद्ध नहीं थे, वे वस्तुतः औरंगजेब के शासकीय अतिवाद, मजहबी कट्टरता, उसकी मजहबी असहिष्णुता के खिलाफ छेड़े गये अभियान थे। उनका लक्ष्य अन्याय, अनाचार, धार्मिक कट्टरता का विरोध था, और इसीलिए वे मान्य हुए हैं।

जहाँ तक गोविंद सिंह का सवाल है, उन्होंने सिख धर्म की छवि का क्रान्तिकारी रूपान्तरण किया, उसे महज उपासना के क्षेत्र में एक नयी नैतिकता का सूत्रपात करने वाले धर्म के रूप में ही सीमित न रहने देकर एक प्रकार की नयी तेजस्विता प्रदान की, उसे शूर-वीरों के धर्म रूप में प्रतिष्ठित किया। यह काम उन्होंने खालसा की सृष्टि करके किया और इस प्रकार सिख धर्म में एक नये और क्रान्तिकारी अध्याय की शुरुआत की।

कहते हैं कि भवानी के सामने गोविंद सिंह ने खालसा पंथ के सारे जगत में विजयी होने की प्रार्थना की थी। ऐसा भी कहते हैं कि उनका लक्ष्य हिन्दू धर्म में एक नयी तेजस्विता लाने का था। जो भी हो उनकी इच्छा यही थी कि 'सकल जगत में खालसा पंथ गांजे।'

वस्तुतः यदि आतंक, दमन, धार्मिक संकीर्णता तथा मजहबी आवेश में भिन्न धर्म मतों के लोगों, भिन्न विचारों के सन्तों, सूफियों, फकीरों आदि के वध तथा आत्मबलिदान की भूमिका न होती, कदाचित् सिख धर्म का वह रूप सामने न आता जो 'खालसा' की स्थापना के साथ सामने आया। और तब शायद एक धर्म गुरु को धर्म तथा उपासना की वेदी से उठकर हाथ में कृपाण लेकर युद्धभूमि में उतरने की जरूरत भी न पड़ती। कहने की जरूरत नहीं कि अन्य गुरुओं की भाँति ही गोविंद सिंह भी बहुत प्रशस्त मानवतावादी चिन्तन के धनी थे। उनका किसी भी धर्म से कोई विरोध नहीं था। इतिहासकार मैक्लिफ ने उनकी वाणी को उद्धृत करते हुए उनके प्रशस्त धार्मिक तथा मानवीय दृष्टिकोण की पुष्टि की है। गुरु के अनुसार :

> सम मेन आर हिन्दूज, एंड अदर मुसलमान्स, एमंग दि लेटर आर रफाजीज, इमाम्स, एंड शफाईज...नो दैट आल मेन आर ऑफ रि सेम कास्ट।
>
> कर्त्ता; (दि क्रिएटर) एंड दि करीम (बेनी फिशेंट) आर दि सेम, रासक (दि प्रोवाइडर) एंड रहीम (दि मर्सीफुल) आर दि सेम। लेट नो मैन, इविन बाई मिस्टेक सपोज देयर एज ए डिफरेंस। (मैक्लिफ द्वारा उद्धृत)

इतिहास के ये सन्दर्भ ही गुरु गोविंद सिंह के व्यक्तित्व को महान बनाते हैं। वे सच्चे अर्थों में एक सन्त, साधक तथा उदात्त आचरण वाले मनीषी थे। उनके मन में किसी के प्रति किसी प्रकार व्यक्तिगत शत्रुता का भाव न था। अपने बच्चों की औरंगजेब के हाथों निर्मम हत्या के समाचार को सुनकर भी वे विचलित नहीं हुए, शान्त रहे। उन्होंने इस गहरी पीड़ा को बड़े धैर्य के साथ सहन किया। इस प्रसंग से ही उनकी शान्त प्रकृति तथा सन्त स्वभाव का अनुमान लगाया जा सकता है। उनके लेखे शासन का यह कार्य उस वृहत्, अन्याय का एक अंश था, जिसके खिलाफ अपनी सात्विक निष्ठाओं के साथ वे खड़े थे।

गुरु गोविंद सिंह का सारा जीवन-संघर्ष; अन्याय, अत्याचार, दमन तथा आतंकवाद के खिलाफ उसके द्वारा छेड़ी गयी लड़ाइयों, अपने पवित्र और महान संकल्प की सिद्धि के लिए भयानक से भयानक, तन और मन को तोड़कर रख देने वाली परिस्थितियों के बीच भी उनका सासन, धैर्य तथा निष्ठा, प्राणों से भी अधिक प्यारे पुत्रों, सम्बन्धियों तथा मित्रों के मार्मिक बलिदान के बावजूद कभी न टूटने वाला उनका दृढ़ मनोरथ, अनीति और असत्य के सामने कभी न झुकने का उनका हठ, वे बातें हैं जो गुरु गोविंद सिंह के व्यक्तित्व को, और उनके कार्यों को प्रेरक और महत्त्वपूर्ण बनाती हैं। उनके प्रेरक व्यक्तित्व का ही प्रमाण है कि लाखों की संख्या में साधारण जन उनके अनुयायी बने, और कुत्तों की सी मौत मरने के बजाय उन्होंने युद्धभूमि में लड़कर प्राण देना श्रेयस्कर माना। अपना तन-मन और धन सब कुछ उन्होंने गुरु के समक्ष अर्पित कर दिया। यह सब गुरु गोविंद सिंह को इतिहास-पुरुष का गौरव प्रदान करता है।

सिख धर्म को गुरु गोविंद सिंह का प्रदेय कई स्तरों पर विचारणीय है। सबसे पहले तो उन्होंने सिख धर्म के भीतर ही फैलने वाली अतिवादी भूमिकाओं पर दृष्टि डाली। गुरु अर्जुनदेव ने मसंदों की जिस संख्या को जन्म दिया, कालान्तर में वह जनता की पीड़क बन गयी। गोविंद सिंह ने इस संस्था को न केवल समाप्त किया, दोषी व्यक्तियों को कठोर दण्ड भी दिये। सिख धर्म के भीतर बनने वाले अनेक सम्प्रदायों को भी उन्होंने समाप्त किया। संगत तथा पंगत जैसे विधानों के अलावा भी, उन्होंने वर्ण पर आधारित ऊँच-नीच की भावना को जड़ से ही समाप्त करने का संकल्प किया। सन् 1699 ई. को वैशाली के दिन उन्होंने 'खालसा' की नींव डाली। सिखों की परम्परागत आचार-संहिता में भी उन्होंने महत्त्वपूर्ण परिवर्तन किये। अपने अनुगामियों को जाति-पांति के बन्धनों की कतई अवमानना करने तथा धर्म और शास्त्र के रूढ़िवादी बन्धनों को निर्ममतापूर्वक छोड़ने का आदेश देते हुए, कन्या-हत्या तथा सती जैसी परम्परागत हिन्दू मान्यताओं के खिलाफ आवाज उठाई। प्रायः समस्त इतिहासकारों ने 'खालसा' की सृष्टि को सिख धर्म में एक क्रान्तिकारी प्रवर्तन कहकर मान्यता दी है।

गुरु गोविंद सिंह का विचार था कि जनता के पास धर्म तो है पर सच्ची राष्ट्रीयता की भावना नहीं है। वे राष्ट्रीयता की भावना को ही धर्म के स्तर तक ले आने के अभिलाषी थे। गुरु के इस कार्य पर सिख इतिहास के लेखक जी. एस. छाबरा की टिप्पणी है :

> द गुरु डिड मेक नेशनलिज्म ऐज रिलीजन विध सिख्स, एंड रियलाइजिंग दैट यूनिटी वाज एन एसेंशल कांस्टीटुएंट ऑफ नेशनलिज्म एंड दैट, दि ग्रेटेस्ट बैरियर अगेंस्ट यूनिटी, वाज दि इक्सिस्टिंग इंस्टीट्यूशन ऑफ कास्ट, ही स्ट्रक एट दि वेरी रूट्स ऑफ दि इविल बाई टेकिंग मैन ऑफ आल कास्ट्स इनटू हिज फेथ, एंड बाई मेकिंग देम ड्रिंक फ्राम दि सेम वेसेल।

ऐसा भी कहा जाता है कि गुरु ने, हिन्दू धर्म तथा समाज के ब्राह्मण, क्षत्रिय,

वैश्य और शूद्र, ये चारों वर्ण, पान, चूना, सुपारी और कत्थे की तरह एक हो जायें, इस बात की सिफारिश भी की। उन्होंने इन वर्णों के साथ सम्बद्ध ऊँच-नीच की भावना को एकदम नजरअन्दाज करते हुए निम्न से निम्न वर्ण के व्यक्ति को अपना सम्पूर्ण स्नेह देते हुए अपने धर्म में दीक्षित किया। इतिहास साक्षी है कि गुरु के साथ कन्धे से कन्धा मिलाकर लड़ने और बलिदान देने में निम्न वर्ण सबसे आगे रहा। गुरु ने सदैव आवश्यकता पड़ने पर, और वह भी धर्म तथा समाज की रक्षार्थ, तलवार उठाई और एक बड़े भूभाग से अन्याय और अत्याचार का अन्त किया। उन्होंने अपने निजी स्वार्थ के लिए कभी युद्ध नहीं किया।

गुरु गोविंद सिंह का सारा चिन्तन, दर्शन, मानव-प्रेम की दृढ़ भित्ति पर आधारित है। धर्म की रूढ़ियों, अन्धविश्वासों, तथा जर्जर मान्यताओं के प्रति जन-साधारण का ध्यान आकर्षित कर और उनका उन्मूलन करने के मार्ग को प्रशस्त कर उन्होंने जनता को धर्म तथा उपासना का सहज मार्ग दिखाया। उनके विचारों से निम्न वर्ण की जनता को आस्था तथा शक्ति प्राप्त हुई। निर्गुण-निराकार एक ईश्वर की सत्ता का प्रतिपादन करते हुए उन्होंने आवश्यक कर्मकाण्डों तथा आडम्बरों से जन समाज को मुक्ति दिलाई। गुरु के विचार तत्कालीन धार्मिक तथा सामाजिक जीवन के लिए वरदान साबित हुए।

गुरु केवल धार्मिक व्यक्ति तथा एक अप्रतिम योद्धा ही नहीं, अतिशय विद्वान भी थे। साहित्य और कला पर भी उनका समान अधिकार था। वे एक गम्भीर अध्येता भी थे। संस्कृत, फारसी तथा हिन्दी और उसकी तमाम प्रादेशिक बोलियों पर उनका समान अधिकार था। उनके रचित ग्रन्थों का धार्मिक-दार्शनिक मूल्य तो है ही, उनका साहित्यिक मूल्य भी है। उनकी अधिकांश रचनाएँ प्रबन्धात्मक हैं। अनेक भाषाओं में हमें उनकी रचनाएँ उपलब्ध होती हैं। कहने की आवश्यकता नहीं, कि उनकी रचनाओं से साधारण जन को अतीव प्रेरणा प्राप्त हुई है। उनके द्वारा रचित निम्न पंक्तियों को उद्धृत करते हुए हम उनकी मानव-एकता की वाणी का औदात्य स्पष्ट करना चाहेंगे :

देहरा मसीत सोई, पूजा और नमाज ओई,
मानस सब एक है, अनेक को भ्रमाउ है।
देवता, अदेव, जच्छ-गंधर्व, तुरक, हिन्दू,
न्यारे-न्यारे देशन के भेस को प्रभाउ है।
एकै नैन, एकै कान, एकै देह, एकै बान,
खाक बाद आतश औ आब को रलाउ है।
अल्लाह अभेष सोई, पुराना औ कुरान ओई,
एक ही सरूप सबै, एक ही बदाउ है ॥

भारत की सन्त परम्परा में साधक और योद्धा का जो अन्तर्भाव गुरु गोविंद सिंह में हमें मिलता है, वह सचमुच अद्‌भुत और अद्वितीय है।

□□